想到你能這樣讀好哲學史，我就放心了

監修
小川仁志
Hitoshi ogawa

瑞昇文化

序言

「令人感到有點難懂的哲學歷史，也能透過插圖大致掌握。」

說到「哲學」，許多人會認為「感覺有點難懂，不曉得它到底想說什麼」吧。

然而，「雖然好像不好懂，但我想要知道哲學。」現在愈來愈多人開始拿起哲學的書籍。這是為什麼呢？我想這可能是因為哲學曾經在某處讓他們感到當頭棒喝、醍醐灌頂的緣故吧。

哲學的歷史可說是「質疑與發現世界的歷史」，過程中未必發展成完整連貫的理論，甚至許多地方充滿矛盾。

明明想要「證明上帝的存在」，卻主張：「上帝已死。」在同一個時代，「尋求快樂」、「抑制慾望」的觀點同時並存。這些都是哲學史中，各種思想變遷所帶來的結果。

如同上述，僅是知道哲學的一小部分，並沒有辦法掌握其整體的樣貌，我們應該沿循歷史，學習該時代的思想變遷。本書會盡可能以簡單易懂的方式，講解各時代哲學者提倡的代表理論，輔以插圖來幫助讀者理解陌生的單詞、概念。

請先摒除「哲學是塊絆腳石」的成見，讓自己對哲學產生興趣，再沉浸於哲學家們的深奧思想當中，盡心思索「什麼才是正確的？」若是本書能夠成為您人生中哲學啟發的小小契機，那將是我最大的榮幸。

哲學家 小川仁志

想到你能這樣
讀好哲學史，我就放心了

Contents

序言 …… 2

CHAPTER 01

古代哲學

古代的哲學家 …… 10

哲學的開端，
一切都是上帝作為的時代 …… 12

01 水是萬物的本源。
By 泰利斯 …… 14

02 數是萬物的本質。
By 畢達哥拉斯 …… 16

03 萬物皆流。
By 赫拉克利特 …… 18

04 存在者存在，
不存在者不存在。
By 巴門尼德 …… 20

05 萬物皆為原子
和虛空所構成。
By 德謨克利特 …… 22

06 人類是萬物的尺度。
By 普羅泰戈拉 …… 24

07 我只知道一件事情，
就是我一無所知。
By 蘇格拉底 …… 26

08 本質存在於天上。
By 柏拉圖 …… 28

09 本質存在於地上。
By 亞里斯多德 …… 30

10 任何物體的形成
皆有其要因。
By 亞里斯多德 …… 32

11 形上學先於自然學。
By 亞里斯多德 …… 33

12 追求精神上的快樂，
死亡就不足為懼。
By 伊比鳩魯 …… 34

13 依照自然而生活。
By 芝諾 …… 36

CHAPTER 02
中世紀哲學

中世紀的哲學家 …… 40

試圖融合宗教與哲學的中世紀 …… 42

01 上帝不是萬惡之源。
By 奧古斯丁 …… 44

02 靈魂是有別於肉體的存在。
By 阿威森那 …… 46

03 哲學與宗教本質上沒有矛盾。
By 阿威羅伊 …… 48

04 如果凡事皆有原因，那麼始動者就是上帝。
By 多瑪斯．阿奎納 …… 50

CHAPTER 03
近世紀哲學

近世紀哲學家 …… 54

盛行於文藝復興時期哲學的黃金時代 …… 56

01 人能淪落為動物，也能接近上帝。
By 皮科．德拉．米蘭多拉 …… 58

02 目的可以正當化手段。
By 馬基維利 …… 60

03 我知道什麼？
By 蒙田 …… 62

04 人是會思想的蘆葦。
By 帕斯卡 …… 64

05 權力是管理民眾的契約。
By 霍布斯 …… 66

06 我思故我在。
By 笛卡兒 …… 68

07 世界就是上帝本身。
By 史賓諾沙 …… 70

08 所有一切皆預定和諧。
By 萊布尼茲 …… 72

09 知識就是力量。
By 培根 …… 74

10 人的心靈有如一塊白板。
By 洛克 …… 76

11 存在就是被感知。
By 柏克萊 …… 78

12 人是知覺的集合體。
By 休謨 …… 80

CHAPTER 04

近代哲學

近代的哲學家 …… 84

哲學中心轉至德國，
人類可能性不斷擴展的近代
…… 86

01 最大多數的最大幸福。
By 邊沁 …… 88

02 任何觀念、理論
皆留有被懷疑的餘地。
By 伏爾泰 …… 90

03 回歸自然。
By 盧梭 …… 92

04 人具備先驗的機能。
By 康德 …… 94

05 人的認知
到達不了物自體。
By 康德 …… 96

06 對象是經由
認知而被定義。
By 康德 …… 97

07 自我是
自己發現我是誰。
By 費希特 …… 98

08 所有事實是
歷史的過程。
By 黑格爾 …… 100

09 生命充滿
無法逃避的苦難。
By 叔本華 …… 102

CHAPTER 05

現代哲學 1

現代的哲學家 1 …… 106

上帝已死、潛意識的發現，
戰爭影響哲學思想的時代
…… 108

01 作一個不滿足的人，
勝過一隻滿足的豬。
By 彌爾 …… 110

02 絕望是致死之疾。
By 齊克果 …… 112

03 至今一切的社會歷史
都是階級鬥爭的歷史。
By 馬克思 …… 114

04 上帝已死。
By 尼采 …… 116

05 一切信念
本身都是真的。
By 詹姆士 …… 118

06 人只有在碰到困難時
才會開始思考。
By 杜威 …… 120

07 支配人的行為
是潛意識。
By 弗洛伊德 …… 122

08 萬人共通的潛意識
是存在的。
By 榮格 …… 124

09 為何能夠確信？
By 胡塞爾 …… 126

10 所謂為人，
即為實現人的存在。
By 雅斯培 …… 128

11 對於不可以言說的東西，
我們必須保持沉默。
By 維根斯坦 …… 130

12 人是能夠
認知存在的生物。
By 海德格 …… 132

13 存在先於本質。
By 沙特 …… 134

14 人並非生而為女人，
而是成為女人。
By 波娃 …… 136

15 人生是沒有意義的。
By 卡繆 …… 138

16 身體是與世界
聯繫的交接口。
By 龐蒂 …… 140

CHAPTER 06

現代哲學 2

現代的哲學家 2 …… 144

因應多元價值觀而不斷進化的
西洋哲學 …… 146

01 人只有透過服從權力
才能成為主體。
By 傅柯 …… 148

02 我們既是媒介者，
同時也為翻譯者。
By 德希達 …… 150

03 世界是經由
不斷差異化而生成的。
By 德勒茲 …… 152

04 理性是溝通的
核心所在。
By 哈伯馬斯 …… 154

05 主權開始轉變為
新的型態。
By 奈格里 …… 156

06 個人的判斷
受到社群所影響。
By 桑德爾 …… 158

07 相關主義
是不誠實的戰略。
By 梅亞蘇 …… 160

CHAPTER 07

東方哲學

東方的哲學家 …… 164

用於國家統治、支配的哲學，
傳至日本後獨自進化
…… 166

01 消除欲望，
苦難便消逝。
By 喬達摩・悉達多 …… 168

02 德不孤，必有鄰。
By 孔子 …… 170

03 道可道，非常道。
By 老子 …… 172

04 民為貴，
社稷次之，君為輕。
By 孟子 …… 174

05 人性本惡。
By 荀子 …… 176

06 命運並非
限制我們的必然法則。
By 西田幾多郎 …… 178

07 獨立的二元邂逅。
By 九鬼周造 …… 180

08 我們是日常上
中間性的存在。 …… 182
By 和辻哲郎

column

01 人並不存在
自由意志？ …… 38

02 有多少文明，就有多少哲學 …… 52

03 哲學家們奇特的習慣 …… 82

04 能用於工作上的辯證法 …… 104

05 哲學在商業上也不可或缺！？
難怪歐美如此重視 …… 142

06 意識並不存在？
什麼是哲學殭屍？ …… 162

結尾 …… 184

哲學重要詞彙集 …… 186

參考文獻 …… 190

CHAPTER

01

古代哲學

哲學最早發展於古希臘的都市國家，來自各地的賢者們齊聚一堂，不斷議論後，產生了某個疑問：「過去不曾懷疑的神話，難道真的沒有任何矛盾嗎？」

泰利斯
BC624~BC546
畢達哥拉斯
BC570~BC495
赫拉克利特
BC535~BC475
巴門尼德
BC515~BC445
普羅泰戈拉
BC490~BC420
德謨克利特
BC460~BC371

古代的哲學家

蘇格拉底
BC469~BC399
芝諾
BC332~BC265
柏拉圖
BC427~BC347
亞里斯多德
BC384~BC322
伊比鳩魯
BC341~BC270

CHAPTER 01 | 古代

哲學的開端，一切都是上帝作爲的時代

在「哲學」這門學問誕生於古希臘之前，人們認為世間所有一切都是眾神所引起的。一遇到沒有辦法解決的疑問，就以「那是上帝的作為」直接帶過。然而，逐漸有人開始質疑這些帶有宗教性質的說明，古希臘的自然學家泰利斯便是其中一人。他建議人們應以理性的角度探討構成宇宙、世界的「萬物的本源」，後續不斷有人響應，哲學就在這樣的背景下應運而生。後來，希臘冒出名為「辯者（Sophist）」的知識人，對於「萬物的本源」提出「萬物沒有共通之處」，流行起「相對主義」。從中站出來對抗的蘇格拉底，詢問人們：「前提是，自己知道什麼？」繼承蘇格拉底意志的哲學家，柏拉圖提倡「本質存在於天上」；亞里斯多德提倡「本質存在於地上」，哲學的發展自此脫離上帝的觀點。然而，哲學在亞歷山大大帝逝世後衰退，隨著基督教的興盛逐漸式微。

CHAPTER 01 出現的哲學用語

KEY WORD

根源（Arche）

古希臘語「開端」的意思。開端同時也為後來物體誕生的原因，衍伸出「萬物的本源」的意思。

KEY WORD

相對主義

人是依照各自的「主觀」來認知事物，不同的人對於同一件事，會有不一樣的觀感，不存在共通之處。

KEY WORD

理型（Idea）

古希臘語「東西的形狀、樣貌」的意思。在哲學家柏拉圖提倡的理論中，主要意為「萬物的原型、理想型態」。

KEY WORD

形上學

跳脫大自然原理思索「存在」的學問，語源為Metaphysic。不從自然原理（如何存在），而從根本原理（為何存在）探討萬物的存在、起源。

KEY WORD 根源

水是萬物的本源。

By 泰利斯

泰利斯為希臘七賢之一，據說是文字紀錄中最古老的哲學家。於希臘對岸安那托利亞半島（Anatolia，現為土耳其共和國）米利都（Miletus）誕生的自然哲學「米利都學派」，就是由泰利斯所發起的。他提出「**水是萬物的本源（Arche）**」，畢生探究該原理，但未留下任何著作，亞里斯多德美譽他為「哲學的創始人」。

水擁有液體、氣體、固體
三種樣態，
所以「水」是萬物的本源。

Thales of Miletus

米利都的泰利斯

BC624～BC546 左右

【思想】自然哲學

【地域】古代希臘

單身貴族・泰利斯

泰利斯終身未婚。據說，泰利斯的母親某天企圖逼他結婚，他推說：「還不到需要慌張的時候。」當超過適婚年齡後，母親再次逼問，他卻說：「現在已經來不及了。」

作爲根源的「水」充滿各個地方

那個時代的人們認為世間萬物皆為上帝所創造，以神話（Mythos）來解釋各種現象，比如最典型的例子：洪水、地震是上帝發怒。然而，**泰利斯試圖尋找可見之物的根源，欲以理性的角度來解釋**。因為如此進行哲學的思考，他被視為哲學的創始者。

數是萬物的本質。

By 畢達哥拉斯

畢達哥拉斯是以「**畢氏定理**」等聞名的數學家。在泰利斯的底下學習後，他創立帶有政治、哲學色彩的宗教團體。這個教團信奉輪迴轉生，主張萬物是由數與數相互產生的關係性所構成。雖然「**數是萬物的本質**」被推測可能是其弟子所說，但這句話正是在講萬物的本源（Arche）為數的概念。

一切物體皆能夠表為數學式，
也就是說，
支配萬物的是數。

Pythagoras

畢達哥拉斯

BC570～BC495 左右

【思想】畢達哥拉斯主義

【地域】古代希臘

壓倒性領袖魅力的末路

畢達哥拉斯組成的教團日益壯大，儼然形成大型的狂熱集團。然而，鄰近的居民們深恐過於龐大的教團失控，選擇在教團的集會所縱火。儘管畢達哥拉斯順利逃出火場，但卻在田地間被居民逮到，最後被割喉而亡。

提倡一切物體皆能夠表爲數學式的畢達哥拉斯

若是可見之物能夠數值化的話，那麼不可見之物應該也可以

畢達哥拉斯將建築物、月亮盈缺的比例、自然定律數值化後，接著想嘗試將音階的規則、宇宙法則也轉為數值。

畢達哥拉斯利用數學找出了月亮盈缺、天體運行、音樂音階（Octave）等的規則性，在推廣該理論的過程中，內心萌生萬物可能是建立在數學規則上的想法。畢達哥拉斯除了發現定律、規則性之外，還有值得一提的地方是，他對泰利斯等前人探索「物質」的根源，提出應該從可見之物以外的「概念」來切入思考。這個「**不可見的本源**」後來由柏拉圖繼承下去。

萬物皆流。

By 赫拉克利特

赫拉克利特是愛奧尼亞地區（Ionia）以弗所（Ephesus）出身的自然哲學家。雖然沒有詳細的文獻記載，但據說他生於王族或者貴族，喜歡大擺架子，不擅與人來往且總是惡言相向，幾乎沒有什麼朋友。擁有這些乖僻軼事的赫拉克利特，認為萬物的本質是「變化」，主張「**萬物皆流**」。

人不能兩次
踏進同一條河流，
因為這條河流已經不同。

Herakleitos

赫拉克利特

BC535～BC475 左右

【思想】萬物流變

【地域】古代希臘

孤僻哲學家的壯烈末路

性情孤僻、隱居山中的赫拉克利特，某次不小心誤食山中的毒物，全身上下長起水泡。他突發奇想：只要讓體內的水分蒸發，不就能夠好起來了嗎？於是，他用牛糞把自己包得密不透風，以乾燥全身上下，結果就這樣脫水而亡。

不能兩次踏進同一條河流

1秒後的自己 不是同一個人？

如同河水流動，一切物體皆在變化。1秒後的河川、自己本身、世間萬物都會不斷發生細微的變化，赫拉克利特認為這就是物體的本質。

赫拉克利特所說的變化，是指「**萬物總是不停改變**」。舉例來說，假設我們昨天和今天都踏進同一條河流，但水中物質會因河水流動不停流變，儘管「河流」的存在本身不變，但河流（水）卻和昨天完全不一樣。赫拉克利特認為，像這樣不停流變的狀態才是萬物的本質，對追求不變、共同本源的希臘哲學界帶來巨大的衝擊。

存在者存在，不存在者不存在。

By 巴門尼德

巴門尼德是南義大利希臘殖民都市埃利亞（Elea）出身的哲學家，反對赫拉克利特「萬物皆流」的觀點，主張萬物永遠不會變化。如同其言「**存在者存在，不存在者不存在**」，巴門尼德深入思索「實有」與「虛無」的關係。他所說的「存在」到底是怎麼樣的概念呢？

無論可見的變化怎麼多樣，
都僅只是一種幻象。
存在者存在，不存在者不存在。

Parmenidēs

巴門尼德

BC515～BC445 左右

【思想】不生不滅

【地域】古代南義大利

有別於赫拉克利特的優雅人生

與提倡流變、受到周遭人避而遠之的赫拉克利特形成對比，主張不變的巴門尼德不但表現高貴，也廣受他人尊敬。當時，民眾看著他優雅的生活方式，甚至流行起「巴門尼德般的生活」的讚美之詞。

不變的存在「存在者存在」是什麼？

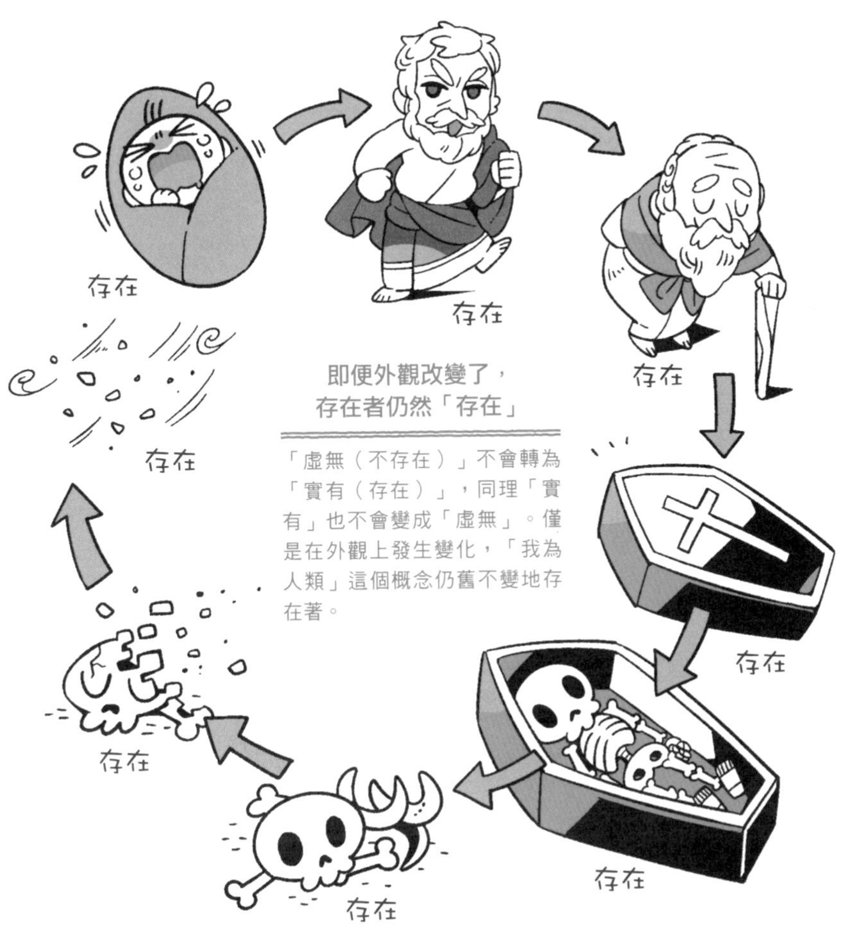

舉例來說，人類會從嬰兒長為孩童、青年、成人、老人，死亡後變成骷髏……發生各種變化。巴門尼德認為，像這樣僅外觀上發生變化，「我為人類」這項**不變的概念本身，才是真正的「存在」**。巴門尼德與赫拉克利特的「存在的不變與流變」，這兩項觀點對追尋萬物本源的希臘哲學界帶來衝擊，產生新的問題「存在為何？」。

KEY WORD｜原子（Atom）、虛空（Kenon）

萬物皆為原子和虛空所構成。

By 德謨克利特

德謨克利特出身於色雷斯地區（Thrace），除了哲學之外，亦精通倫理學、物理學、數學、天文學等廣泛學術領域。他是首位提倡「**萬物皆為原子（Atom）和虛空（Kenon）所構成**」的原子論者，主張一切物體都是由小到肉眼看不見的粒子「原子」，在名為「虛空」的空間中衝撞結合而成。

萬物的最小單位是原子（Atom）。
藉由運動原子的結合，
萬物才得以形成。

Democritus

德謨克利特

BC460～BC371 左右

【思想】原子論

【地域】古代希臘

笑口常開的長壽哲學家

善於交際、和藹可親的德謨克利特，周遭人稱他為「喜愛歡笑的人」。就當時來說，德謨克利特活得異常長壽，至少活到80歲左右，還有些書籍記載其年齡超過100歲。

一切物體皆爲原子聚集而成

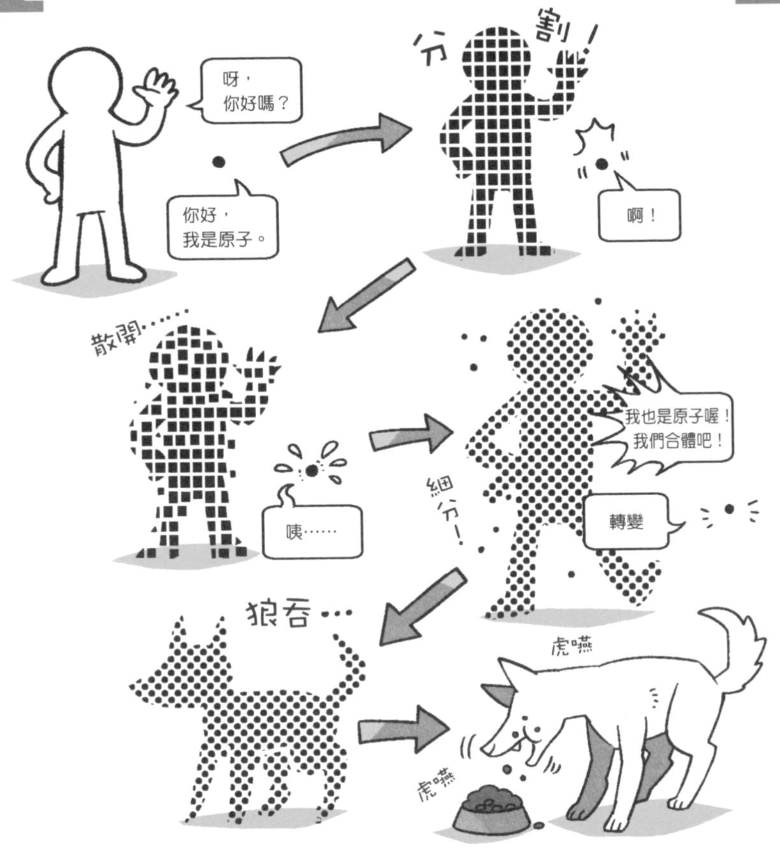

無法再細分的粒子組成各種形體

一切物體都是由名為原子的細微粒子聚集而成，
該集合體死亡、腐敗後，又會再形成另外的集合體。

德謨克利特的這個理論，被稱為「**原子唯物論**」。就他來看，原子是以不同的排列情形、方向構成各種的形體，在外觀上產生變化，但原子本身並沒有改變。也就是說，**我們所感知的形體、味道、顏色等等，不過是原子的排列組合而已**。德謨克利特的觀點，後來成為發展出後近代原子論的轉捩點之一。

人類是萬物的尺度。

By 普羅泰戈拉

普羅泰戈拉是在古希臘都市國家古雅典（Athenai），開講辯論術賺取財利的知識人「辯者」之一。當時，以榮華聞名的古雅典才剛建立起法律體系，尚缺乏關鍵的律師，這使得替自己辯護的辯論術，成為非常受歡迎的學問。普羅泰戈拉所提倡的「**人類是萬物的尺度**」，後來成為「**相對主義**」的濫觴。

當有人褒揚我是善人，
就也有人貶低我為惡人，
人才是萬物的尺度。

Protagoras

普羅泰戈拉

BC490～BC420

【思想】相對主義

【地域】古代希臘

足以購買軍艦的知識

普羅泰戈拉身為辯者的評價極高，理所當然向他請教學習的費用也非常貴，根據非正式記載，據說他上一堂課程的學費足以購買海軍的軍艦。

結果，沒有所謂絕對的價值觀，感受因人而異

真實會因觀測點（觀測者）而不同

普羅泰戈拉提倡的相對主義是指，任何議題都具有兩種面向，兩者都有其正確的（適當的）地方。結果，只有個人的感受才為真實。

舉例來說，雖然待在相同的場所，來自北國的人會覺得「好熱」；來自南國的人會覺得「好冷」。兩者既無說謊也沒有扭曲事實，他們講的都是真話，只是感覺、價值觀因觀測者而異。於是，普羅泰戈拉主張「**不存在絕對的真理，任何判斷都不過是個人的主觀**」。然而，自我中心的政治家曲解這個犀利的觀點，反過來惡用相對主義的「因人而異」，造成古雅典最後因「眾愚政治」而衰敗滅國。

KEY WORD｜問答法、無知之知

我只知道一件事情，就是我一無所知。

By 蘇格拉底

蘇格拉底常被稱為西洋哲學的創始人，但其生涯中沒有留下任何文物書籍，現今殘存的相關資料，皆是出自其弟子柏拉圖的著作。某天，德爾菲（Delphi）神殿接獲神諭（神明的啟發）：「蘇格拉底是世上最睿智的人。」獲知此事的蘇格拉底大感震驚，匆匆拜見認識的賢者、智者，想要確認神諭的真偽。

我或許是最睿智的人吧。
因為我知道
自己一無所知。

Sokrates

蘇格拉底

BC469～BC399

【思想】問答法

【地域】古代希臘

怕老婆的蘇格拉底與悍妻贊西佩的生活

蘇格拉底娶了惡言相向、性情潑辣的贊西佩為妻，三不五時就在眾人面前被妻子責難。這樣的夫妻生活，讓他留下「蟬是幸福的，因為牠有個不抱怨的配偶」、「我若能忍受得了內人的話，那天下就沒有難於相處的人了」等名言。

不斷提出質問，不懂的地方就會浮現出來

問答法

蘇格拉底的問答法是，藉由不斷提出質問，窺探個人主張、意見背後中的常識矛盾。

蘇格拉底提出「**問答法**」的手法，是假設自己「什麼都不知道」，不斷向對方提出質問，窺探潛藏於對方回答、認知中的矛盾與無知。結果，蘇格拉底發現比起「自以為了解」的賢者，「**知道自己不知道（無知之知）**」的自己更為睿智。「提出疑問，進一步考察對方的回答」的「問答法」，後來由亞里斯多德等人的論證方法繼承下去。

KEY WORD | 理型、理型世界

本質存在於天上。

By 柏拉圖

出身於古雅典名門的柏拉圖是蘇格拉底的弟子，不斷探討「真善為何」、「真愛為何」等議題。在當時的古雅典，社會上充斥辯者詭辯「因人而異」的相對主義，但柏拉圖卻正面反駁該主張，認為「**理型**」才是唯一正確的存在。

萬物的真正姿態
存在於天上的理型世界，
地上物體不過是影子罷了。

Platon

柏拉圖

BC427～BC347

【思想】理型論

【地域】古代希臘

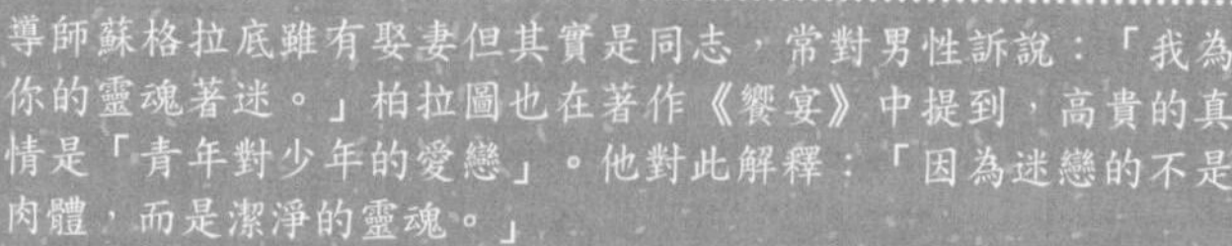

男色家・柏拉圖

導師蘇格拉底雖有娶妻但其實是同志，常對男性訴說：「我為你的靈魂著迷。」柏拉圖也在著作《饗宴》中提到，高貴的真情是「青年對少年的愛戀」。他對此解釋：「因為迷戀的不是肉體，而是潔淨的靈魂。」

明明外觀不同，爲什麼還會聯想到馬？

靈魂記得馬的理型

儘管各自外觀不同，卻能聯想出特定的物體（馬），這是因為靈魂看出共通點「馬的理型」。

柏拉圖說道：「如同辯者所言，『善』的形式會因人而異。不過，我們能夠知道這些形式為某人心中的『善』，是因為所有的善都存在作為基準的『原型』。」柏拉圖稱此「原型」為理型，並主張**理型存在於天上的「理型世界」，地上溢出的萬物是理型的仿製品**。明明不一樣卻能知道那是什麼，這是因為人類的靈魂見過理型世界的「原型」。

KEY WORD | 形式（Eidos）、質料（Hyle）

本質存在於地上。

By 亞里斯多德

亞里斯多德是在柏拉圖創設的「柏拉圖學院（Academy）」底下學習的哲學家，但對導師主張的「天上世界有理型」抱有疑問，認為**萬物的本質在於各個物體當中**。對於柏拉圖提出的「萬物是理型的仿製品」，亞里斯多德不同意眼前的物體、動物、植物等是仿製品，認為現實就存在於眼前。

一切物體的本質
不存在於理型世界，
乃於各個物體當中。

Aristoteles

亞里斯多德

BC384～BC322

【思想】論理學

【地域】古代希臘

人應生活在善的環境中，而且需要使役奴隸

亞里斯多德認為理想的國家應實施「君主制」，將國家交給賢能的君主治理，人民才能專心探求知識。他也贊同奴隸制度，因為「想要專心探索知識，其他瑣事就交給奴隸打理」。

萬物的本質存在於個體當中

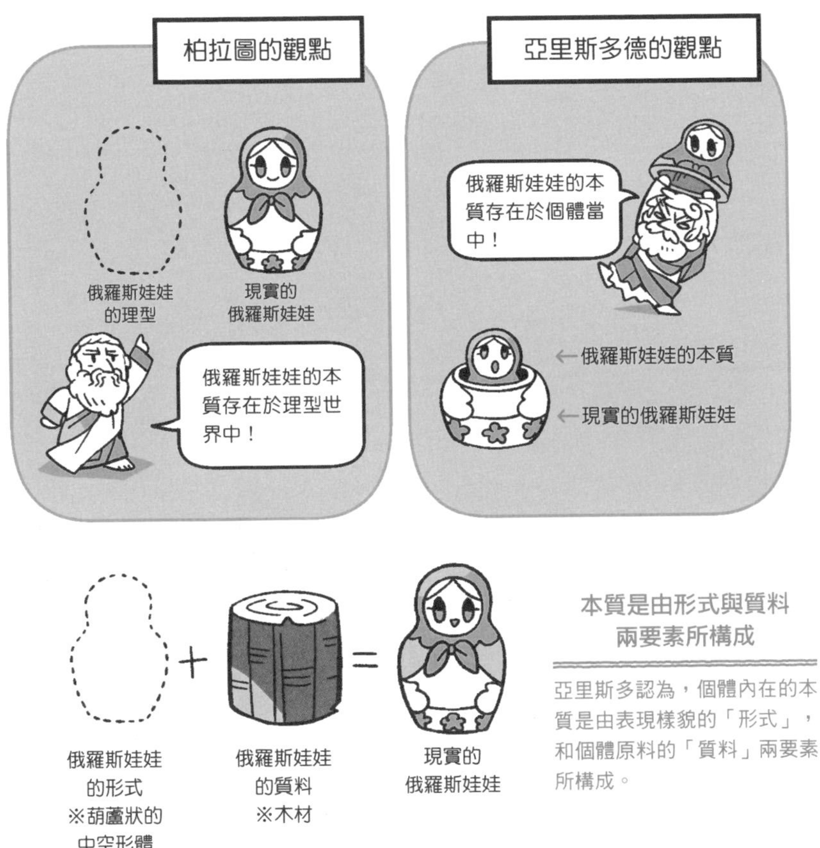

本質是由形式與質料兩要素所構成

亞里斯多認為，個體內在的本質是由表現樣貌的「形式」，和個體原料的「質料」兩要素所構成。

亞里斯多德以「**形式（Eidos）與質料（Hyle）**」來說明萬物的本質，形式是指表現該物外觀的「樣貌」，而質料是指裡頭的「原料」，比如玻璃酒杯是由酒杯的形式與玻璃的質料組合而成。亞里斯多德認為，一切物體都是由這兩項要素所構成。透過觀察個體分出形式與質料的手法，後來也繼續發展，用於生物學上的系統分類。

KEY WORD｜四因說、形式因、質料因、目的因、動力因

任何物體的形成皆有其要因。

By 亞里斯多德

一切物體都有四個存在的原因

亞里斯多德提倡萬物皆由形式與質料所構成，後來進一步提出「**萬物的形成皆有四個要因**」，稱之為「**四因説**」。以車子為例，車子的形體（能夠乘坐的形狀）是「**形式因**」、車子的材料（鐵和玻璃）是「**質料因**」、車子的目的（快速移動）是「**目的因**」、車子存在的理由（工廠能夠生產）是「**動力因**」。他認為該理論能夠探究世界的構成（型態、存在的目的）。

形上學先於自然學。

By 亞里斯多德

形上學是討論事物本質的學問

亞里斯多德認為萬物因「四因說」而存在，不過他在自然學之前，又設立了「**形上學**」這門學問。相對於「由什麼構成（材料）」、「用來做什麼（作用）」等自然學處理的問題，亞里斯多德認為思考「本質是什麼？」「為何存在？」等更為根本的問題，則屬於形上學的部分。

KEY WORD｜快樂主義者（Epicurean）、靈魂安寧

追求精神上的快樂，死亡就不足爲懼。

By 伊比鳩魯

伊比鳩魯是薩摩斯島（Samos）出身的哲學家，其名字成為**快樂主義者（Epicurean）**一詞的語源。不過，伊比鳩魯主張的快樂主義，跟浸淫肉慾的快樂不同，而是**追求內心平和安寧、不對肉體造成傷害的狀態**，肯定不應禁慾追求快樂。伊比鳩魯稱這樣的心境為「**靈魂安寧（Ataraxia）**」。

死亡是意識與感覺的終結，
不會對精神、肉體帶來苦痛，
因此不需要煩憂。

Epikouros

伊比鳩魯

BC341～BC270

【思想】快樂主義

【地域】古代希臘

若不追求快樂，心靈早就壞掉了

為何伊比鳩魯突然推崇「追求快樂，死亡就不足為懼」？其中緣由，與當時希臘受到馬其頓帝國侵略而全境荒廢有關。伊比鳩魯提出這樣的觀點，救助感到死亡危機的群眾內心。

浸淫肉慾不是快樂！

什麼是快樂主義？

伊比鳩魯提倡的快樂主義是，「內心平和安寧」的狀態。在當時受到馬其頓帝國侵略的希臘，民眾無不追求此方法，以獲得內心的平穩。

不畏懼產生不安的最大原因——「死亡」的方法

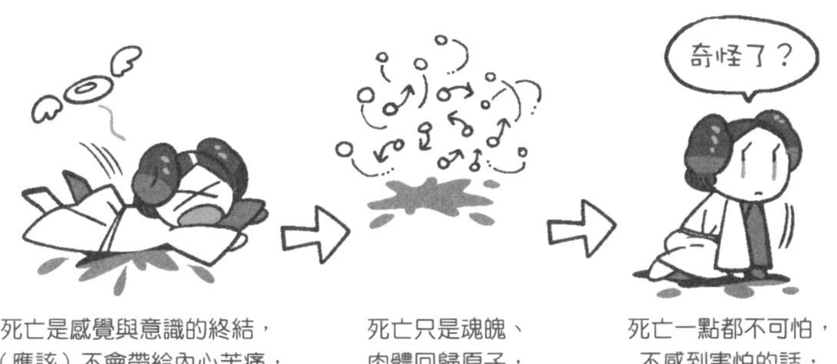

死亡是感覺與意識的終結，（應該）不會帶給內心苦痛，也不會帶給身體疼痛。

死亡只是魂魄、肉體回歸原子，再形成別的物體。

死亡一點都不可怕，不感到害怕的話，就能覺得快樂。

想要達到心靈安寧的境界，伊比鳩魯認為需要排除對死亡的恐懼。伊比鳩魯受到提倡原子論的德謨克利特所影響，說道：**人類的肉體、靈魂皆是由原子所構成，死亡不過是回歸原子顆粒，不會帶來精神上與肉體上的苦痛**。因此，他主張不需要畏懼死亡。然而，將靈魂視為原子的思維，不被當時信仰上帝的多數民眾所接受。

KEY WORD｜慾望（Pathos）、無慾（Apatheia）、禁慾

依照自然而生活。

By 芝諾

生於賽普勒斯島（Cyprus）商人家庭的芝諾，原本從事經商貿易，但某次商船遇難而漂泊到雅典，在雅典邂逅哲學並開始學習，展開了不同以往的人生。芝諾主張「**慾望必須節制，並與自然調和**」。人的生活伴隨著各種不同的慾望，這些慾望會轉為不安、嫉妒侵蝕人心。

不被情感所擾、
捨棄慾望，
就是依照自然的生活方式。

Zenon of Citium

季蒂昂的芝諾

BC332～BC265

【思想】禁慾主義

【地域】古代希臘

斯多葛學派名字的由來

芝諾總是在柱廊兼處刑場的「Stoa Poikile」為弟子們講課，聚集在他人不願靠近柱廊的一群人＝斯多葛學派（Stoic School），這個名字就這樣被固定下來。

人類透過與自然調和可獲得內心的平和

芝諾認為：「人類不過是活於上帝創造的自然法則之中，所以生活應當與自然調和。」想要與自然調和，必須壓抑人類才有的**慾望（Pathos）**，並以**無慾（Apatheia）**為目標，提倡應當節制與禁慾。這個節制之心稱為「**禁慾（Stoic）**」，該思想持續流傳至今。

人並不存在自由意志？

什麼是「自由的意志」？試想有人在你眼前放置了兩顆寶石，說道：「你可以選一顆喜歡的帶走。」兩顆寶石的大小、種類、外觀沒有不同，你選擇哪一顆都不會有所損失。遇到這樣的情況，你會選擇左邊還是右邊？

假設你沒由來地選了右邊的寶石，選擇理由是「沒由來」，亦即不知道選擇該顆寶石的理由（原因），這樣能夠說是自由意志嗎？難道不是其他的意志（存在）迫使你如此選擇。相反地，「我是右撇子，所以選擇右邊的寶石。」像這樣搬出合理的理由呢？如果你總是遵從合理的選擇，這樣應該不能說是完全的自由意志吧？又或，「沒有啦，只有這次做出合理的選擇。」那為什麼只有這次屈就合理的選擇呢？若是因為「沒由來」的話，果然不能說是自由意志吧。

人類真的有自由的意志嗎？

CHAPTER

02

中世紀哲學

在受到基督教支配的中世紀社會，上帝被認為是絕對的存在。哲學的地位低於基督教，迎來哲學史上的黑暗時代。

奧古斯丁
354~430
阿威森那
980~1037

中世紀的哲學家

多瑪斯・阿奎納
1225~1274

阿威羅伊
1126~1198

試圖融合宗教與哲學的中世紀

邁入中世紀後，基督教成為羅馬帝國的國教，廣泛受到世人所信仰。在這個時代，哲學上最重要的難題就是，神學與哲學兩派的理論相衝突。舉例來說，原先在歐洲式微的亞里斯多德哲學，傳到伊斯蘭教圈後獨自進化，經歷十字軍東征再次被發現。然而，其內容與基督教教義出現巨大的矛盾，就連絕對存在的上帝也可能遭到否定。

結果，最後不是單方面支持在某一邊，而是選擇走上融合哲學與基督教的道路。基督教教父奧古斯丁針對柏拉圖哲學；多瑪斯・阿奎納針對亞里斯多德哲學，分別提出理性和信仰並不衝突的獨自理論。如多瑪斯・阿奎納所言「哲學乃神學的婢女」，哲學最後被重新定義為基督教教義的註腳，是一同追尋真理的學問。多瑪斯・阿奎納的理論「經院哲學」，在這個時代廣為普及。

CHAPTER 02 出現的哲學用語

KEY WORD

自由意志

自己做出決斷的能力。在哲學上，與此相反的主張是「決定論」，認為人的選擇是事前由外部要因所決定的。

KEY WORD

自我

自己的意識、與外界區別的自我意識。自我跟肉體是不同存在，此主張稱為「身心二元論」。

KEY WORD

共相（Universal）

意指何時、何地、何人皆適用的特徵。「四角形有四個角」等就是共相敘述。反義詞為「特殊」，意指個體獨自擁有的特徵。

KEY WORD

經院哲學

中世紀修道院、教會進行的哲學研究。「經院」一詞與「school」（學校）的英語同義。其目的是理性地消除基督教《聖經》中出現的矛盾。

上帝不是萬惡之源。

By 奧古斯丁

奧古斯丁出生於北非，年輕時過著自由奔放的生活，曾經醉心於摩尼教，但後來改信基督教。他以希臘哲學為基礎，確立了基督教的教義體系。奧古斯丁主張「**上帝不會帶來罪惡**」，世間的罪惡是因上帝賦予人類「**自由意志**」，良善不足的人做出錯誤的行動所致。

上帝只會帶來良善。
罪惡是不完全的良善。

Augustinus

奧古斯丁

354～430

【思想】基督教式柏拉圖主義

【地域】中世紀北非

丟臉至極的黑歷史告白

奧古斯丁留下了一本有名的著作《懺悔錄》，前半部講述了幼年時偷梨、對學習的怠惰、浸淫愛戀與色慾等等，赤裸裸揭露自己年輕時犯下的罪過。他一面懺悔這段黑歷史，一面確立了「三位一體論」等正統教義。

罪惡僅是良善不足的狀態

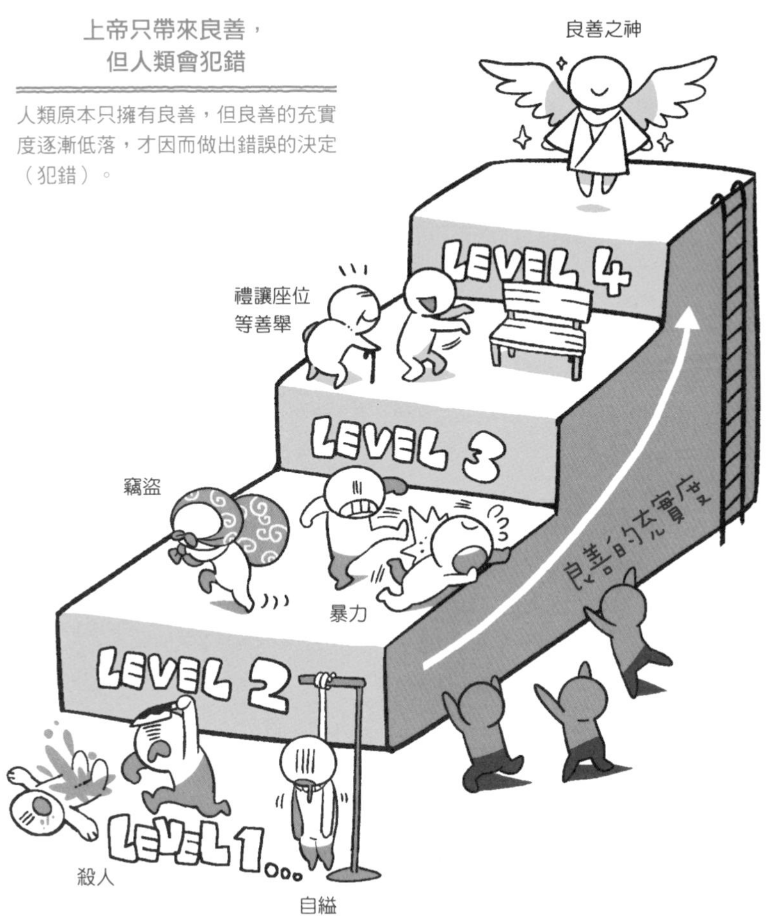

就奧古斯丁來看，**罪惡是良善不完全（不充分）的表現**。也就是說，上帝原先的設計是人會依循自由的意志行善，但由於良善不足的緣故，導致人做出錯誤的選擇。對上帝的信仰就是為了克服此弱點，達到向善的目的。這個自覺上帝的愛、追求至善的思想，後來在歐洲廣為流傳，成為封建社會體制的基礎。

KEY WORD｜漂浮者、自我

靈魂是有別於肉體的存在。

By 阿威森那

阿威森那是伊斯蘭的哲學家，拉丁名為伊本．西那（Ibn Sina）。他自許為「亞里斯多德的後繼者」，潛心研究形上學。後來，他將伊斯蘭哲學系統化，被稱頌為**中世紀伊斯蘭世界最偉大的知識人**。然而，對於亞里斯多德「靈魂與肉體並非兩個不同的物體，而是一個統合體」的觀點，阿威森那提倡**靈魂與肉體應該區別開來**。

排除一切感覺
仍能確信「存有」的東西，
才是真正的「存在」。

Avicenna

阿威森那

980～1037

【思想】阿拉比亞式亞里斯多德主義

【地域】中世紀波斯

從小不變的勤勉態度

阿威森那15歲就能背誦亞里斯多德的《形上學》，但即便讀了40遍仍舊無法理解內容。某天，在布哈拉（Bukhara）的市集（Bazaar），商人推薦法拉比（Farabi）記述的《形上學》，阿威森那閱讀這本註釋書後，才終於理解內容。

即便從身體分離出來，靈魂仍舊存在

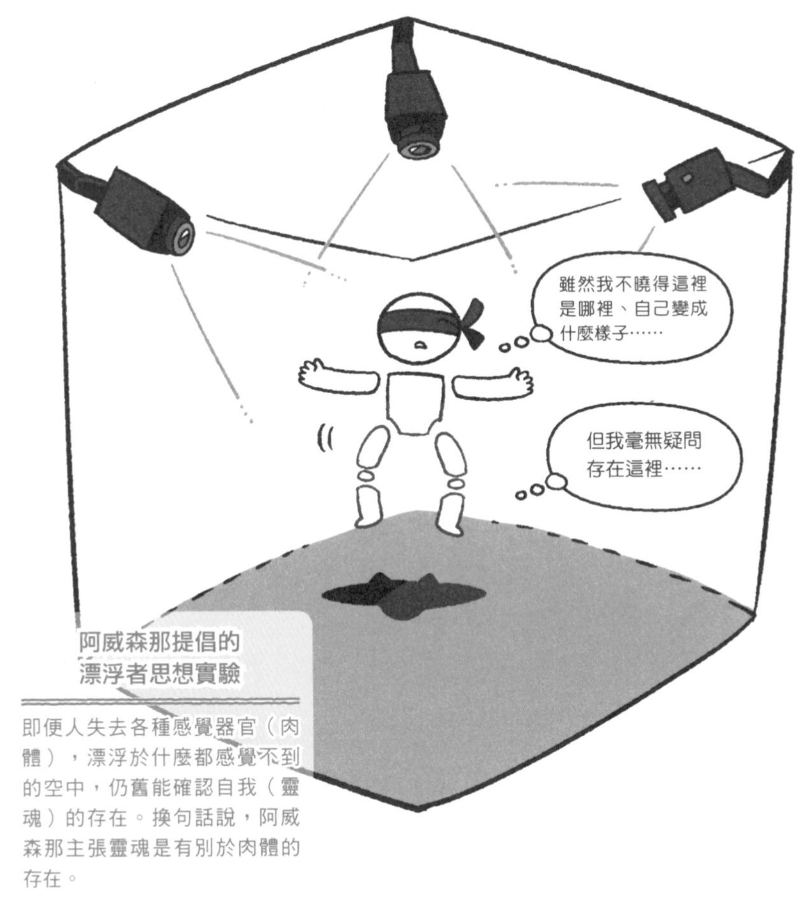

阿威森那揭示區別靈魂與肉體的理論中，特別有名的是以「**漂浮者（the Flying Man）**」為例子的獨自存在論。漂浮者是失去各種感覺器官，漂浮於沒有任何東西空間中的人類，此時人的意識「至少能夠感知自己的存在」。換句話說，阿威森那主張，即便從身體分離（區別）出來，「**自我（靈魂）**」仍舊存在。此理論後來影響笛卡兒的「我思故我在（p.68）」，成為二元論的開端。

KEY WORD｜《可蘭經（Quran）》

哲學與宗教本質上沒有矛盾。

By 阿威羅伊

阿威羅伊是活躍於西班牙哥多華（Cordoba）伊斯蘭界代表的哲學家。他原本是以伊本・魯世德（Ibn Rushd）的名字，致力於將亞里斯多德的著作翻譯成阿拉伯語。**基督教十字軍東征後，他所翻譯的作品再次被譯成拉丁語傳回歐洲，獲得廣大的迴響**。因為這樣的經歷，打響了其拉丁名阿威羅伊。

可蘭經確實有矛盾的地方，
而哲學的存在，
就是為了解決這些矛盾。

Averroes

阿威羅伊

1126～1198

【思想】阿拉比亞式亞里斯多德主義

【地域】中世紀西班牙

遭受羅馬教廷禁止的阿威羅伊哲學

若是阿威羅伊哲學繼續合理闡述教義，不久便會出現二元論，分歧出宗教上的真理與理性上的真理吧。這樣的傾向在巴黎大學尤為明顯，對此感到威脅的羅馬教廷派遣多瑪斯・阿奎納前往，於1270年禁止阿威羅伊主義的教授。

可蘭經的謬誤應由哲學來導正的主張

阿威羅伊試圖將違背伊斯蘭教教義的亞里斯多德哲學與宗教進行融合，揭示「**可蘭經的內容大體正確，但一部分有所偏誤**」，認為必須運用哲學修正這些錯誤，才能夠達到更深一層的真理。伊斯蘭教徒終究沒有接受阿威羅伊「可蘭經有誤」的觀點，但14世紀再次傳到歐洲並翻譯成拉丁語後，形成「後期阿威羅伊主義者」一大勢力。

CHAPTER 02

中世紀

04

KEY WORD 共相之爭、神學、經院哲學

如果凡事皆有原因，那麼始動者就是上帝。

By 多瑪斯・阿奎納

多瑪斯・阿奎納在基督教會、修道院附屬學院研究**經院哲學**。當時的歐洲是以基督教文化為主流，但經由十字軍東征，重新傳入在伊斯蘭圈不斷進化的亞里斯多德哲學後，歐洲人產生「基督教和亞里斯多德哲學究竟哪個才正確？」的疑問，後來演變成「**共相之爭**」的議論。

縱使哲學能夠探求一切事物的原因與結果，仍舊無法觸及上帝所支配的領域。

Thomas Aquinas

多瑪斯・阿奎納

1225～1274

【思想】基督教式亞里斯多德主義

【地域】中世紀義大利

冷靜沉著的「天使博士」

多瑪斯・阿奎納以其著作《神學大全》聞名，是經院哲學的代表神學家，其性格溫厚儒雅，議論時也表現得冷靜沉著，因而被稱為「經院哲學之王」、「天使博士」，其姿態受到不少人景仰。

神學是用來處理哲學無法達到的範圍

哲學乃神學的婢女

多瑪斯．阿奎納對神學與哲學建立了明確的上下關係，流行起「哲學乃神學的婢女（佣人）」這一句話。

亞里斯多德哲學認為，一切事物都是原因與結果的連續所引起。阿奎納對此反問：「所有原因追溯到源頭的第一個原因是什麼？」認為**初始原因就是「上帝」**。然後，他主張哲學是理性範圍內能夠解明的學問，而掌握超越理性範圍的更高層次真理的就是**神學**。這個主張後來**確立了基督教的優位性**。

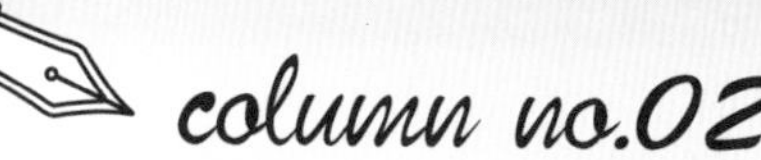

有多少文明，就有多少哲學

沿循哲學史接觸哲學時，書籍多會從希臘時代開始介紹吧。Philosophy一詞源自於古希臘語的「擁愛智慧」。在日本，哲學一詞則是由活躍於明治時代的啟蒙家西周所翻譯，當初是翻成「希哲學（希求明哲的學問）」。

在書店，通常會設置西洋哲學與東方哲學兩個架位，但許多人不認同將日本哲學、中國哲學、印度哲學籠統歸為一類。各個文明皆有自古以來不斷探索鑽研，看待人類、世界的獨特價值觀。由自然、風俗、宗教的多元化來看，該特徵亦顯而易見。

不問東方西洋，探討哲學在某個時代背景與社會中，如何解釋人類的行為？如何開導群眾？這或許才是所謂真正的研究哲學吧。

CHAPTER

03

近世紀哲學

近世紀興起回歸人性的風潮，讓哲學得以重新嶄露頭角。宛若明星般存在的哲學家相繼誕生，開始關注起人類的意識、存在。

皮科・德拉・米蘭多拉
1463~1494
馬基維利
1469~1527
蒙田
1533~1592
帕斯卡
1623~1662
霍布斯
1588~1679
笛卡兒
1596~1650
史賓諾沙
1632~1677

近世紀哲學家

休謨
1711~1776
洛克
1632~1704
柏克萊
1685~1753
培根
1561~1626
萊布尼茲
1646~1716

盛行於文藝復興時期，哲學的黃金時代

邁入近世紀，經過文藝復興與宗教改革後，過去活在「上帝的教誨即為一切」價值觀中的人們流行起人文主義。源自古希臘羅馬以人為本的文化，轉眼間席捲整個歐洲，哲學再次蓬勃發展。在這個時代，人們嚮往著以人為本的思想，探索自身能力的可能性，關注起「自己本身」。哲學長久以來追尋的「真理」，不存在於遙遠的高處，而是取決於人的意識，這樣的觀點逐漸受到世人支持。

笛卡兒提出「我思故我在」、「意識」的存在，並分離主體與客體，這對當時的認知造成極大的衝擊。大家從此開始關注人擁有的知識、上帝與善惡等觀念。哲學至此分歧出兩大流派，一為以笛卡兒、史賓諾沙、萊布尼茲為代表的歐陸理性主義（Continental Rationalism），認為人與生具有「先天觀念（Innate Idea）」；一為培根、洛克、休謨提倡的英國經驗主義（British Empirieism），認為人是透過經驗獲取知識。

KEY WORD

文藝復興

法語「重新」、「復活」的意思，指稱始於14世紀的義大利，15～16世紀擴及西歐的文化興盛時期。在此時期，人們對封建制度感到不滿，紛紛開始自由追求以人為本的學問、藝術。

KEY WORD

經驗

並非一般所說的「經驗豐富」、「有過」許多經歷的意思。在哲學上，「經驗」意為透過視覺、聽覺等感覺所獲得的知覺。

KEY WORD

懷疑主義

並非單純指疑心重重，而是指對事物避免積極地斷定，應站在保留的立場。

KEY WORD

觀念

聽聞「某詞」時腦中浮現的意象，即為對該事物的「觀念」。一聽到「東京巨蛋」時，腦中浮現「白色蛋狀突起」的影像，或者「棒球」、「巨人」等單詞，這些皆為「觀念」。

人能淪落爲動物，也能接近上帝。

By 皮科．德拉．米蘭多拉

皮科．德拉．米蘭多拉出生於北義大利米蘭多拉領主的家中，是活躍於義大利文藝復興時期的哲學家。在過去基督教地位強勢的中世紀歐洲，普遍認為**自由意志會帶來罪惡，具有「邪惡的一面」**。然而，**邁入文藝復興時期後，世人開始追求具有人性的自由生活，自由意志逐漸受到重視**。

人可以靠自由意志決定自身的命運，既能淪落為動物，也能接近上帝。

Pico della Mirandola

皮科．德拉．米蘭多拉

1463～1494

【思想】人文主義

【地域】義大利

遭人毒殺的悲壯末路

被視為異端而遭到囚禁的皮科，由政治家羅倫佐．德．麥第奇（Lorenzo de Medici）擔保出來。然而，他卻與麥第奇家族敵對的薩佛納羅拉（Girolamo Savonarola）建立起親密的友誼關係，遭到羅倫佐的兒子下毒謀殺，死於砷中毒，享年31歲。

人獲得自由意志後的選擇

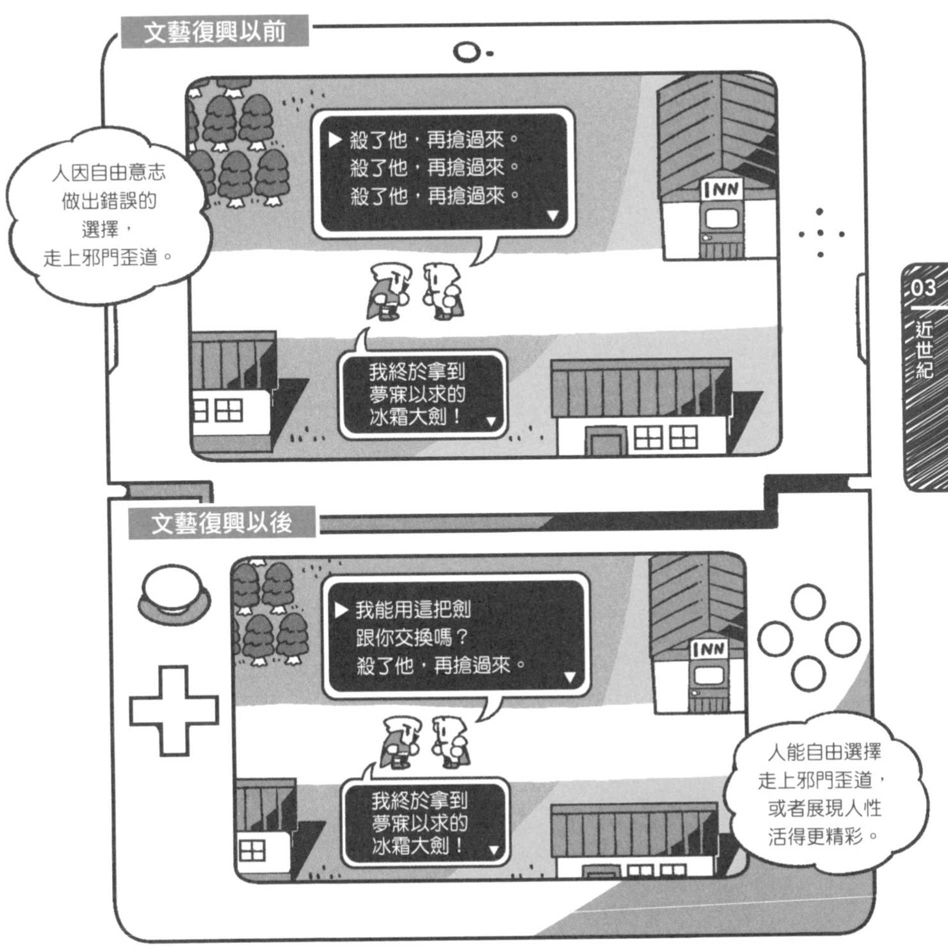

皮科．德拉．米蘭多拉沿襲文藝復興的思想，強調人擁有自由意志的力量，說道：「**大部分的被造物是活在上帝的限制下，但人類被賦予了自由意志，能夠遵循其自由意志來開創命運。**」米蘭多拉認為根據自身的選擇，人既能淪落為盲從慾望的動物，也能開創命運讓自己更接近上帝。該思想後來成為義大利文藝復興的發展基礎。

目的可以正當化手段。

By 馬基維利

為達目的可以不擇手段，是「馬基維利主義（Machiavellianism）」冷酷的中心思想。其由來為義大利的思想家馬基維利。在羅馬教宗國、威尼斯共和國等強國激戰義大利半島的混亂時代，馬基維利頓時失去原本的官僚生涯。失意之下創作了《**君主論**》，以期找到下一份官職。

僅有慈悲心腸無法存活下去，尚需為達目的而不擇手段的冷酷。

Niccolo Machiavelli

尼可洛・馬基維利

1469～1527

【思想】馬基維利主義

【地域】義大利

義大利文學史上最美的書信

過著隱居生活的馬基維利，某天給親友弗朗切斯科・韋托里（Francesco Vettori）寫了一封信。信中講述他白天從事農作、跟鄰居賭博等等，晚上則換上正式的長袍讀書、執筆《君主論》等著作。

正確的統治方法是成爲恐怖君主

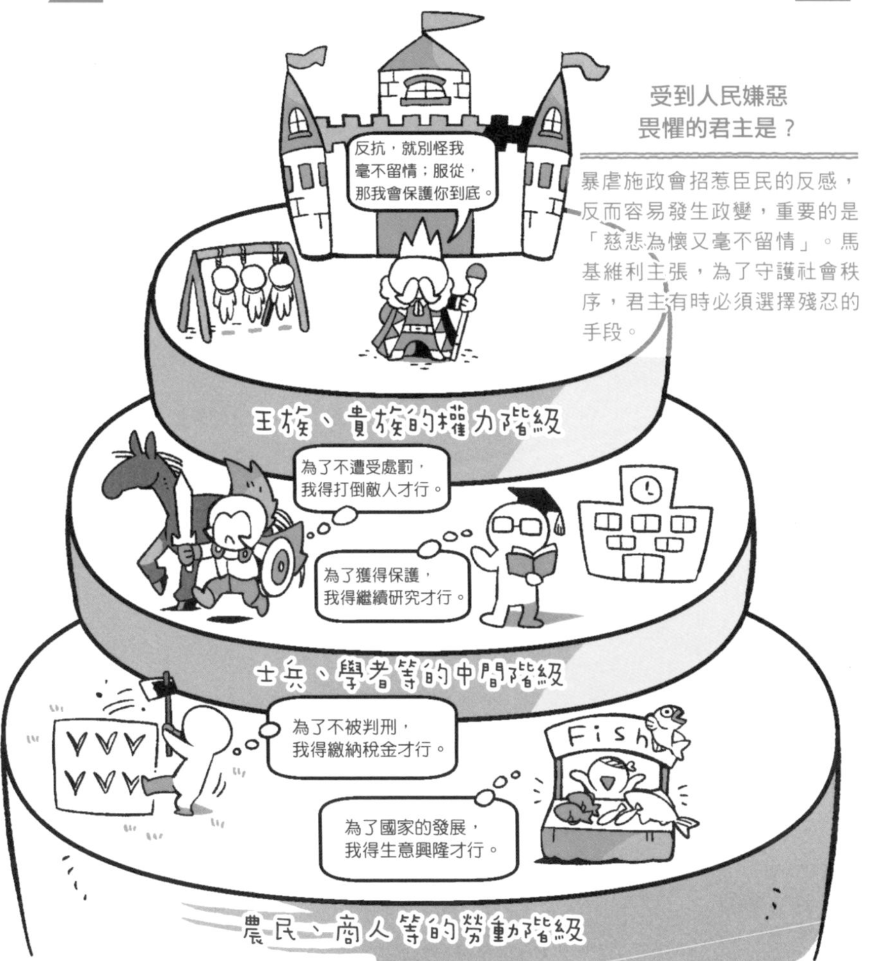

因為「被畏懼比被愛戴安全得多」、「對民眾要摸頭還是抹殺應該擇一而終」等內容，《君主論》給人冷酷殘暴的印象，經常聽到批判的聲音。但是，僅有慈悲心腸無法存活下去，是**古今中外共通的領導要素**，此觀點現在也普遍受到組織論、領導論所支持。

我知道什麼？

By 蒙田

蒙田是法國新興貴族出身的思想家，終其一生追求人類的理想生活方式。雖然一時登上市長要職，卻於38歲時辭職離去，過著讀書與思索的日子。他奉「**我知道什麼？（Que sais-je）**」為座右銘，以**懷疑主義**的觀點不斷對自己投出各種疑問，編織出人生的哲學。

我自己本身知道什麼呢？
難道不是一無所知嗎？

Michel Eyquem de Montaigne

米歇爾・德・蒙田

1533～1592

【思想】人文主義

【地域】法國

「婚姻好比鳥籠」

在蒙田的《隨筆錄》中，有這樣一句敘述：「婚姻好比鳥籠，外面的鳥兒想進進不去；裡面的鳥兒想出出不來。」他對愛戀產生的激烈情感抱持否定的意見，認為那有礙自由且有害無益。

試著拋棄偏見與獨斷接納對方

在歐洲、新大陸
人類爭鬥不斷的時代

16～17世紀左右，在哥倫布發現的新大陸，經常發生西班牙人奴役、虐殺美洲原住民的事件；在同一時代的歐洲，基督新教與天主教對立，基督教徒間的衝突不斷。

當時，西班牙人在發現的新大陸上，對原住民展開掠奪、文化灌輸，而歐洲本土發生宗教戰爭，儘管是相同國家的人民，基督教徒之間卻爭鬥起來。蒙田對這樣的狀況感到擔憂，認為**縱使文化、思想有所不同，我們也應該要保持中庸，不獨斷專行或者持有偏見**，撰寫了《**隨筆錄**》一書。這本《隨筆錄》後來深深影響同樣贊同懷疑主義的笛卡兒、帕斯卡。

人是會思想的蘆葦。

By 帕斯卡

帕斯卡是法國的思想家，**除了作為科學家在數學、物理方面留下顯赫的貢獻，他也是位信仰篤實的人**，31歲進入修道院開始信仰宗教的生活。對於皮科·德拉·米蘭多拉（p.58）在文藝復興提出「人類的自由意志、理性無所不能」的觀點，帕斯卡對這股風潮迅速擴張感到憂心。

人只不過是一根脆弱的蘆葦，
但他是一根會思想的蘆葦。
我們必須理解這份脆弱。

Blaise Pascal

布萊士·帕斯卡

1623～1662

【思想】楊森主義

【地域】法國

早熟天才帕斯卡

帕斯卡於39歲病逝，但他在16歲時就提出「圓錐曲線的定理」，後來也發表流體力學法則「帕斯卡原理」、機率論等等。然而，據說這些成就，在他短暫的生涯不過是用來消遣解悶而已。

人的想像力脆弱且容易受到影響

想像力可以帶領人達到真理，但有時也會誤導人犯下錯誤。以貌取人就是最典型的例子，人容易因外貌而做出錯誤的判斷。

因此，帕斯卡說道：「**人是會思想的蘆葦。**」蘆葦是類似稻穀的植物，容易隨風而倒。他將人的想像力比做蘆葦。人的想像力（蘆葦）有時會通往真理、有時會導向虛偽，但卻脆弱到易受到外力（風）輕易在兩者之間擺盪。像這樣強調人類意志脆弱的觀點，稱為「**楊森主義**」，後來以法國為中心向外擴展開來。

KEY WORD 機械唯物主義、社會契約說、自然權利、所有人對所有人的戰爭

CHAPTER 03
近世紀
05

權力是管理民眾的契約。

By 霍布斯

霍布斯是英國的哲學家兼政治思想家，贊同以因果關係解釋自然界各種現象的「**機械論（Mechanism）**」，並且提倡「**社會契約說**」。在自然狀態下，人會採取滿足自身慾望的行動，而採取行動的權利為「**自然權利**」。然而，由於物資有限，最後勢必會引發紛爭，霍布斯稱此為「**所有人對所有人的戰爭（Every man is enemy to every man）**」。

人在自然狀態下必與他人爭奪，所以需要束縛彼此的契約，以及擁有絕對權力的國家。

Thomas Hobbes

湯瑪斯・霍布斯

1588～1679

【思想】社會契約論

【地域】英格蘭

相信唱歌能夠延長壽命三年

霍布斯是很愛擔心的一個人，「我難道不會因為感冒而往生嗎？」對自身的健康也極為牽掛。他採取的健康法是「唱歌」，選擇在人人就寢的半夜裡歌唱，但據說外面的人聽到傳出來的歌聲，每個人都不敢恭維。

在絕對權力的監視下保持和平？

霍布斯的「社會契約論」主張，人不是靠自然權利行動，而是彼此締結契約，再由擁有絕對力量的公權力制定保障安全、自由的法律，建立起良善的社會。過去相信「君權神授說」，認為國家的形成是上帝賦予國王等權力者權限，但**霍布斯試圖以邏輯的角度解釋國家的構造**。

我思故我在。

By 笛卡兒

笛卡兒既是哲學家也是傑出的數學家。一般來說，數學是運用作為大前提的公理（兩平行線不相交等等）來推導問題，每個人都能獲得相同的答案。笛卡兒認為哲學也應該導入這項系統，以探索「**哲學上的公理＝毫無疑問的真理**」，於是提倡「**我思故我在**」。

沒有任何把握的我存在於此，
這是唯一可確定的事情，
那就以此出發點吧。

Rene
Descartes

勒內・笛卡兒

1596～1650

【思想】歐陸理性主義

【地域】法國

笛卡兒死於斯德哥爾摩（Stockholm）

笛卡兒晚年在荷蘭過著悠閒自得的生活。某天，克里斯蒂娜女王（Drottning Kristina）對他的思想感到興趣，於是召見他前來宮廷。然而，政事繁忙的女王只能在清晨五點上課，笛卡兒最後不敵北國的嚴冬，罹患肺炎去世，享年53歲。

懷疑一切最後還剩什麼？

笛卡兒為了發現公理，選擇「懷疑一切事物，從中尋找無誤的真理」。這個方法稱為「**方法的懷疑（Methodical Doubt）**」。結果，他發現周遭的一切事物，甚至包括自身的肉體都覺得可疑，但同時也注意到有一種毫無疑問的東西，那就是「**懷疑一切的自我意識**」。笛卡兒將這個自我意識定為哲學的第一定理，加速了近代哲學的發展。

世界就是上帝本身。

By 史賓諾沙

笛卡兒（p.68）提倡意識與身體是不同存在的二元論。與此相對，荷蘭哲學家史賓諾沙主張，**意識與身體是連動的，包括自然在內的所有事物都是同一個存在**。他將人類以及周遭的動植物、環境全部視為自然，認為這個自然本身就是上帝。這就是「**泛神論（Pantheism）**」的觀點。

上帝並未創造世界，
上帝即為這個世界。

Benedictus De Spinoza

巴魯赫・史賓諾沙

1632～1677

【思想】歐陸理性主義

【地域】荷蘭

一生簡樸、孤獨的末路

史賓諾沙因無神論的傾向而遭到猶太教驅逐，終身未婚過著簡樸的生活。勤勉努力向上的他，最後孤獨一人於閣樓往生。逝世後由朋友幫忙出版的《遺著（Opera Posthuma）》也被列為禁書。

我、那個人、世界都是上帝的一部分

03 近世紀

然而，當時的基督教相信上帝是「具有人格的存在」。因此，**認為上帝為非人格存在、信奉泛神論的史賓諾沙，被視為無神論者、異端份子而遭受激烈的抨擊**。在反抗的過程中，史賓諾沙靠著擔任教職、研磨透鏡謀生，終身未婚獻身哲學，過著孤獨的人生，但他的思想後來對康德、尼采帶來深遠的影響。

所有一切皆預定和諧。

By 萊布尼茲

萊布尼茲除了是德國的哲學家及數學家之外，作為政治家、外交官也有相當傑出的表現，是位活躍於各個領域的人才。他認為如同物質是由原子所組成，**世界是由「單子（Monad）」這個極小的概念單位所構成**。兩單子會相互調和，進而構築世界。

這個世界並非偶然形成，上帝已預定了整個宇宙的和諧。

Gottfried Wilhelm Leibniz

哥特佛萊德・萊布尼茲

1646～1716

【思想】歐陸理性主義

【地域】德國

17世紀電腦的原點

在數學家、政治家、外交官等方面才華洋溢的萊布尼茲，提出現代電腦基礎的二進位。另外，雖然他所發明出計算機跟現今的電腦相去甚遠，但其架構一直沿用至20世紀半左右。

宇宙中有著上帝程式設計的單子

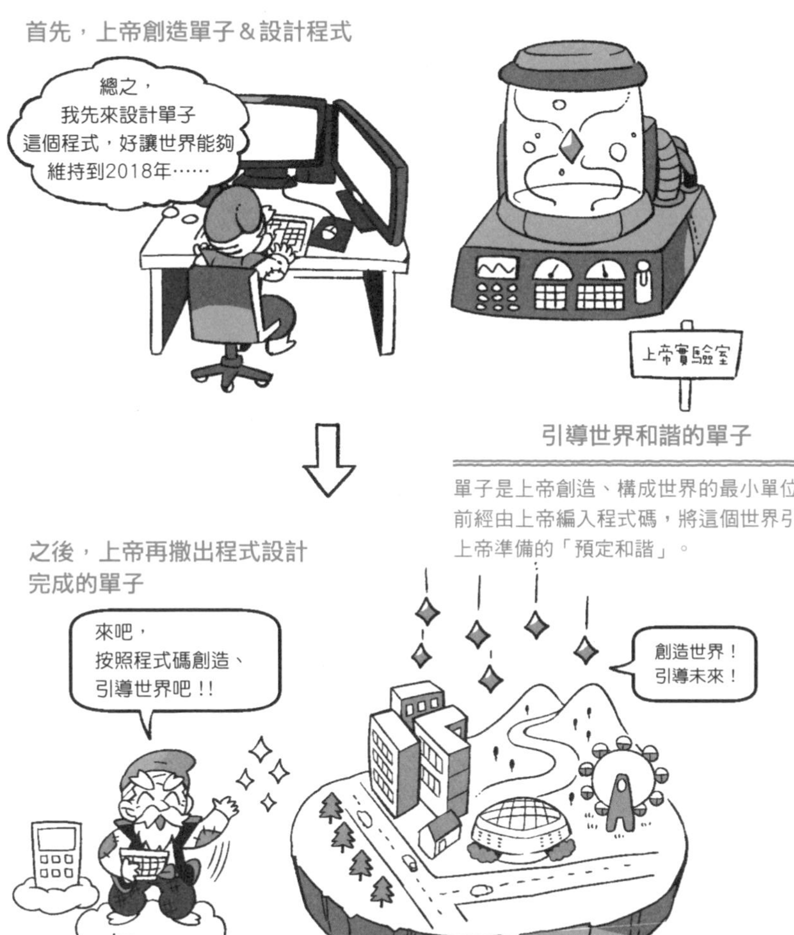

相較於笛卡兒的「二元論」、史賓諾沙的「一元論」，萊布尼茲的觀點被稱為「**多元論**」。萊布尼茲表示，單子是上帝事先程式設計的個體，程式內容為「引導世界走向和諧」。萊布尼茲認為，從世界創造到我們生存的現在，這段人類發展的歷史，全是由單子這個程式所引導「**預定和諧**」的結果。

KEY WORD｜知識就是力量、偶像（種族、洞窟、市場、劇場）

知識就是力量。

By 培根

培根出生於英國高級官吏的家庭，年輕時擔任國會議員，最後爬上大法官的職位，但卻因貪污被關進監獄，晚年投身哲學的研究。在文藝復興漸趨式微，伽利略、牛頓等人的活躍促進科學長足進步的時代，培根不為理性、信仰所傾倒，而認為**應該運用五感體會，由經驗、實驗來獲得正確的知識（知識就是力量）**。

透過經驗、實驗征服大自然，
才能夠真正豐富人類的生活。

Francis Bacon
法蘭西斯・培根
1561～1626
【思想】英國經驗主義
【地域】英國

熱衷實驗的末路是……

培根因貪污罪被褫奪公職資格，晚年潛心研究法律、哲學、歷史、科學等。然而，這份探究精神反而害了他，某天做完在雞的肚子裡塞滿白雪的冷凍實驗後，感冒惡化成肺炎，最後一病不起。

獲得正確知識的四項障礙「偶像」

阻擾獲取正確知識的成見，培根稱之為「**偶像（Idola）**」。這四項阻礙分別為：影響感覺的「**種族偶像**」、僅憑個人經驗思量事物的「**洞窟偶像**」、社會偏見或者謠言所造成的「**市場偶像**」、無條件相信權威的「**劇場偶像**」。培根的觀點後來由洛克、休謨繼承，發展成「英國經驗主義」。

CHAPTER 03

近世紀

10

KEY WORD 白板（Tabula Rasa）、單純觀念、複合觀念、認識論

人的心靈有如一塊白板。

By 洛克

洛克認為「**一切知識皆來自經驗**」，是繼培根之後英國經驗主義的代表哲學家。身為醫生的洛克觀察嬰兒，對笛卡兒「人類與生具有道德觀念」的歐陸理性主義產生疑問。於是，他提倡剛出生的人類好比「**白板（Tabula Rasa）**」，需由經驗才能寫入後天的知識。

人的心靈原本是一塊白板，需要透過經驗才能夠在白板上寫入知識。

John Locke

約翰・洛克

1632～1704

【思想】英國經驗主義

【地域】英國

在原戀人的住所迎接生命末期

洛克終身未婚，但回到荷蘭後，定居於某位女性的宅邸。他們在約10年曾有過甜蜜關係，兩人年齡相差了26歲。雖然她最後與其他男性步上紅毯，但卻照顧洛克走完人生的最後一程。

由經驗獲得知識的過程

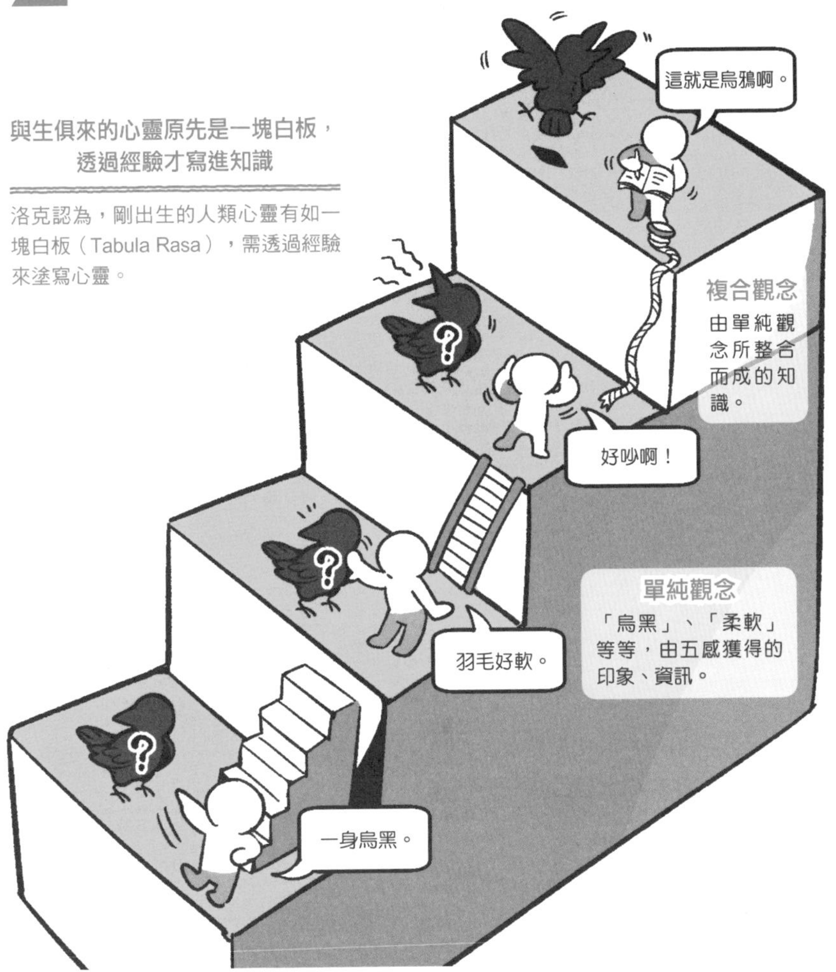

洛克將由經驗所認知的訊息分為兩種，一為「烏黑」、「柔軟」、「嘈雜」等由五感獲得的「**單純觀念**」，以及將獲得的「單純觀念」整合起來，組織成「這是烏鴉」等更高度訊息的「**複合觀念**」。人類藉由經驗認識事物的「**認識論**」，在洛克這邊迎來轉捩點。

存在就是被感知。

By 柏克萊

柏克萊與洛克同樣都提倡英國理性主義，但兩人提出的觀點有所不同。洛克認為「①因為物體存在，②所以人能夠感知（看到、摸到）。」與此相對，柏克萊主張「①因為人能夠感知，②所以物體存在。」亦即，「**不是因為存在而被看到，而是被看到所以存在（存在就是被感知）。**」

一切物體
不是因為「存在」而被看到，
而是被看到所以「存在」。

George Berkeley

喬治・柏克萊

1685～1753

【思想】英國經驗主義

【地域】愛爾蘭

以柏克萊命名的街道

美國加利福尼亞州（California）的「柏克萊市」，該地名的由來就是哲學家柏克萊。這個地方位於美國向西發展的窗口，剛好符合其詩作的其中一節：「帝國向西前進」，因而以他的名字來命名。

沒有看見的東西不存在？

根據柏克萊的理論，**一切物體藉由被感知（被看到），而能夠存在於感知者的意識中**。那麼，沒被感知（沒被看見）的時候，物體不就不存在？柏克萊表示，**「上帝」總是觀望著這個世界，所以物體能夠繼續存在**。這項理論後來發展出另一個主張：兩人同時感知（觀測）同一物體時，意識中未必浮現相同的東西。這對當時主流的認識論帶來衝擊。

人是知覺的集合體。

By 休謨

休謨是蘇格蘭出身的哲學家、歷史學家，繼承洛克、柏克萊等人的英國經驗主義，發展出自己獨特的哲學觀。雖然前面柏克萊否定了「沒被感知的物體」，但並未懷疑「感知物體的人類」本身的存在。於是，休謨猜測**知覺就是「人類本身」**。

現在這個瞬間的知覺
集合體即為人類。

David Hume

大衛・休謨

1711～1776

【思想】英國經驗主義

【地域】蘇格蘭

與盧梭的不和

盧梭的猜疑心很重，致使巴黎哲學家們避而遠之。休謨極為仰慕他，仰慕到把他接到英國，還替他準備好住所、生活費。然而，在英國受到批判的盧梭，懷疑起休謨的不義，兩人因此不歡而散。

能夠感知事物的「我」沒有自身的實體？

柏克萊的知覺

透過觀察（感知），烏鴉能夠存在觀察者（感知者）的意識當中。觀察者的實體總是存在。

休謨的知覺

透過觀察（感知），烏鴉存在於觀察者（感知者）的意識當中。但是，觀察者（感知者）不過是知覺機能的集合體，並未擁有實體。

人類不過是「不存在的集合體？」

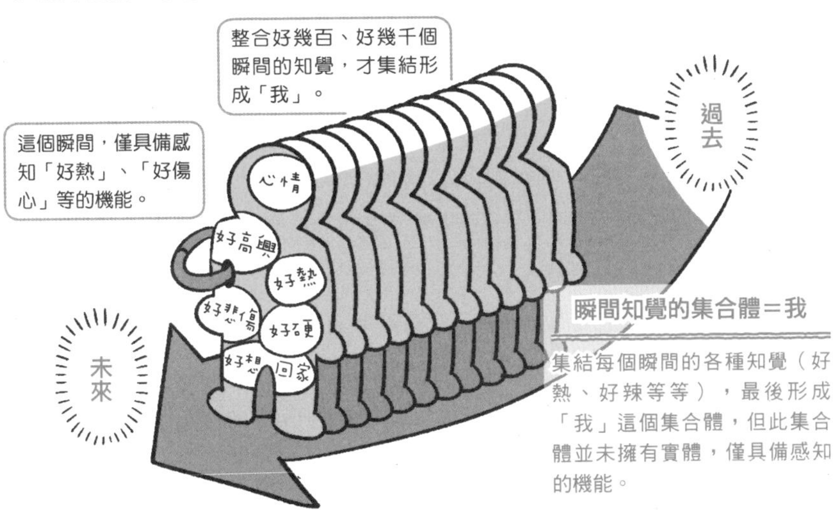

休謨主張「**人是知覺的集合體**」。我們在每個瞬間會連續產生「房間好熱」、「腰好痛」、「隔壁好吵」等感覺（知覺）。於是，休謨猜測：「**人不過是這些瞬間感覺的集合體，並不存在我這個實體。**」他的「懷疑主義」威脅到當時主流的笛卡兒理論「懷疑一切的我毫無疑問存在」，為哲學界帶來巨大的衝擊。

column no.03

哲學家們

奇特的習慣

許多哲學家有著奇特的習慣。康德每天過著極為規律的生活，據說街上的居民甚至以康德的散步時間來校正時鐘。他會有這樣的習慣，是因為相信「影響性格的關鍵在於行動原則。」另外，康德還有這樣的軼事，他規定自己早上只能抽一斗菸草，但煙斗的尺寸卻一年比一年大。提及散步，弗洛伊德也習慣在午餐後散步，但絕不是那種悠閒緩慢的速度，快到其兒子都追憶：「父親以前的散步速度真的很快。」笛卡兒屬於悠閒緩慢型的哲學家，他是典型的長眠者（Long Sleeper），每天總是要睡到中午。然而，笛卡兒受到克里斯蒂娜女王召見前往嚴寒的瑞典，並且因應女王的要求在清晨五點授課。或許是環境劇烈變化的緣故，在瑞典生活短短不到一個月就臥病不起，十天後便告別人世。無論如何，可以說正因為這些奇特的習慣，才造就他們成為哲學家吧。

CHAPTER

04

近代哲學

邁入近代後，隨著社會結構、宗教觀等的轉變，哲學也出現新的見解。全球各地展開戰爭，加深了哲學家對人與周遭世界的體悟。

邊沁
1748~1832
伏爾泰
1694~1778
盧梭
1712~1778
康德
1724~1804

近代的哲學家

CHAPTER 04 | 近代

哲學中心轉至德國，人類可能性不斷擴展的近代

邁入近代後，歐洲發生了市民革命、工業革命等，迎來不亞於文藝復興時期的動盪時代。在哲學方面，這個時代以開發中的德國為舞台，發展出德國唯心主義的思想。

首先點燃導火線的是康德，他整合歐陸理性主義與英國經驗主義，提出人所能認知的事物是極為有限的「物自體」。由康德發起的德國唯心主義，經過費希特、謝林（Friedrich Schelling）進一步洗練，最後由黑格爾集大成。在黑格爾揭示的理論當中，「辯證法」是最為有名的概念。

黑格爾認為辯證法不僅只是一項概念，也是世間一切事物在發展上不可欠缺的理論。他主張理性是萬能的，人可透過辯證法達到知識的最高階段「絕對知（Das absolute Wissen）」。支配中世紀初社會的宗教、上帝觀點已經蕩然無存，換成人是能以自身力量開創事物的主體存在，成為當時主流的價值觀。

CHAPTER 04 出現的哲學用語

KEY WORD

功利主義

英國哲學家邊沁的思維，認為應以快樂、幸福作為行動的理由，主張即便是立法，也應重視是否帶來幸福。

KEY WORD

物自體

康德提倡的理論之一。一切物體是經由人的感覺器官而受到認知，被定義為「這是〇〇。」而「在被人認知、定義之前的狀態」的物自體是人無法理解的概念。

KEY WORD

揚棄

德語為「Aufheben」，意指解決兩對立矛盾的行為。兩對立的觀點中，一方稱為「正題（Thesis）」、另一方稱為「反題（Antithesis）」，整合兩者的行為稱為「揚棄」。

KEY WORD

悲觀主義（Pessimism）

又稱「厭世主義」。德國哲學家叔本華主張，只要人仍有「即便踢落他人也想活下去」的念頭，人類的鬥爭便不會消失，發展出悲觀主義。

最大多數的最大幸福。

By 邊沁

邊沁是英國的哲學家、法學家，雖然取得律師資格，卻未踏入法律界，選擇以「著述」的方式發表各種提案，致力於改善法律、社會。他相信**經由自己的公式計算人的快樂（幸福度），其總和愈高社會愈幸福**。這個計算不分身分高低全部同等換算，**因符合民主主義的思維而受到支持**。

為最大多數人
謀求最大幸福，
這是立法的基本原則。

Jeremy Bentham

傑瑞米・邊沁

1748～1832

【思想】功利主義

【地域】英國

在牛津的大學百無聊賴

邊沁在12歲時就進入牛津大學就讀，但在其著作中卻嚴厲批評：「牛津大學不是修習學問的地方。」由此可見，他過得百無聊賴。邊沁也寫道，這段時間是他的人生中最沒有用處的時間。

什麼是高幸福度的社會？

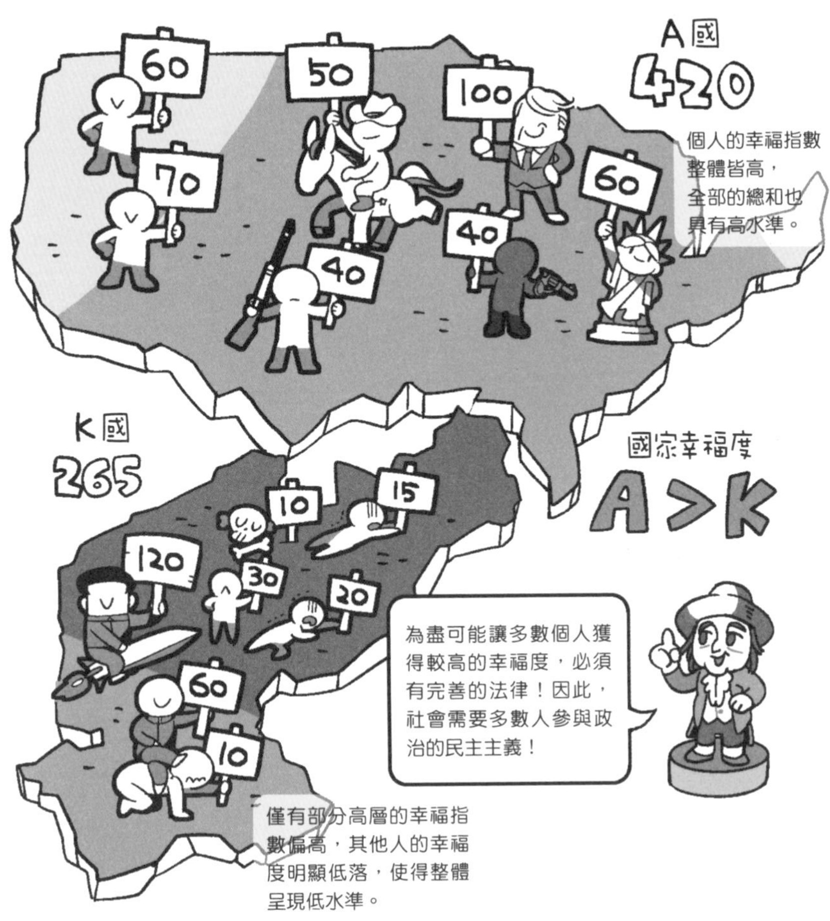

邊沁認為，個人的生活目標在於追求「幸福」，立法應以盡可能為多數人謀求最大的幸福為基準。這就是「**最大多數的最大幸福**」的觀點。邊沁主張為人帶來快樂的行為是善舉，造成痛苦的行為是惡行。這個以善惡為基準來追求最終效益的思維，被稱為「**功利主義**」。

任何觀念、理論皆留有被懷疑的餘地。

By 伏爾泰

伏爾泰是18世紀法國的代表思想家，有名到在社會思想史上，學者將18世紀稱為「**伏爾泰的世紀**」。因為發表諷刺性文章而入獄，出獄後流亡至經歷光榮革命後改為君主立憲制、施行政黨政治的英國。**在英國體會到與施行絕對王政的法國完全不同的自由，歸國後出版批判法國政治、社會的書籍**。

現存的各種理論、事實
都曾經過改訂或者修正，
換言之，沒有事物是確定不變的。

Voltaire

伏爾泰

1694～1778

【思想】自然神論

【地域】法國

法國最危險的百科事典

福爾泰擔任《百科全書》的主要執筆者。這本書原是翻譯自統整文藝復興後科學技術等的英國百科事典，但他不斷在裡頭引用啟蒙思想，被當時的法國國王視為最為危險的書籍。

應該試著懷疑過去認爲理所當然的事情。

過去認為理所當然的習慣也留有懷疑的餘地

即便是理所當然存在的習慣、理論，也曾在某個階段經過改訂或者修正，所以我們也應該試著懷疑現存的常識。

對於一切事物「為何、如何存在？」的疑問，過去人們深信教會的說明是唯一解答。然而，伏爾泰說道：「**歷史上的任何事實、理論，都曾在某個時間點經過改訂。**」接著補充：「因此，**即便是已經成為習慣或者被視為事實的事物，在自己腦中仍留有重新懷疑的餘地。**」這項懷疑權威強加習慣的思想（**自然神論**），在他逝世後促成了法國大革命。

KEY WORD｜回歸自然、公共意志、社會契約論

回歸自然。

By 盧梭

盧梭是活躍於法國的啟蒙思想家、哲學家，同時也是作曲家、劇作家、詩人，是位擁有多樣面貌的人物。他認為，**沒有公權力介入的自然狀態才是人應有的姿態（回歸自然）**。就他來看，法律、社會等契約不過是強者的邏輯，主張**現在應該重新返回人類的原點，相互確認大家內心追求公共利益的「公共意志」**。

雖然人生而自由，
但卻受到「支配」的枷鎖箝制，
應當回歸自然重返原先的樣貌。

Jean-Jacques Rousseau

尚－雅克・盧梭

1712～1778

【思想】社會契約說

【地域】法國

盧梭是以喜歡受虐聞名的變態

盧梭在幼年時期遭到女性責打，因而產生了受虐傾向。「跪在女性的腳邊乞求原諒，對我來說是至高無上的快樂。」由著作中的描述可知，他是貨真價實的變態。盧梭也是位暴露狂，好幾次被警察押進警局。

全員皆有相等權利追求利益的「公共意志」

單方面的支配
讓人受到枷鎖箝制

盧梭提倡不受貴族、君主、教會統治，全民共同參與國家治理的民主主義。

於是，盧梭撰述了《**社會契約論**》。書中提到大家拋棄個人的意向，共同協商採取直接民主制，是最為理想的社會形態。盧梭認為如此一來，人便能獲得自由，**國家必須基於公共意志才得以形成**。這個公共意志的觀點，深深影響了法國大革命。

KEY WORD 先驗形式

人具備先驗的機能。

By 康德

康德是德國的哲學家，鼓吹統合兩大主義——相信人具有先天觀念（與生俱來的感覺、意識）的「歐陸理性主義」，與相信人是透過經驗獲得後天觀念的「英國經驗主義」。此外，康德是位**顛覆哲學上「真理」定位的人物**。既存的感覺、構想發生180度轉變的「**哥白尼式轉換（Copernican Revolution）**」一詞，也是由康德創造出來的。

每個人有著不同的經歷，
卻能達到相同的價值觀、結論，
這是因為人擁有共通的接收形式。

Immanuel Kant

伊曼努爾・康德

1724～1804

【思想】批判哲學

【地域】德國

思想、性格皆一絲不苟的康德

思想一本正經的康德，其性格也相當一絲不苟。早上準時起床，上午前往大學授課，回家後出門散步。據說，因為出門散步的時間過於規律，散步路線旁的家庭，會以看見他的身影來校正時鐘。

人共通的經驗接收方式是？

任何人都會在時間上（何時）、
空間上（何地）獲得經驗

「知道布丁的存在」的場合，時間上是「昨天」、空間上是「冰箱裡面」，人肯定會以「某個空間的某個時間」的形式，接收共通的經驗。

康德首先對「知識、概念來自於經驗」的英國經驗主義產生疑問：「每個人的經歷各有不同，這樣還能像數學、幾何學等學問一樣，最後達到相同的結論嗎？」於是，康德提出「知識的確是由經驗獲得，但會以『人類共通的形式』接收知識，這就是**先驗形式（與生俱來）**」的理論。

人的認知到達不了物自體。

By 康德

人只能經由過濾器認知物體

人僅由感覺器官獲得的訊息來感知一切事物

即便透過人類感覺器官的過濾器覺得對方很美，實際上的物自體卻可能是完全不同的存在，但人絕對無法認知物自體。

康德主張，人類擁有共通的經驗接受方式（如同過濾器的物體）的話，「單就人這個物種來說，是能夠存在普遍的真理。」然而，他同時也揭示：「**人僅能透過人類用的過濾器來認知一切事物（世界）**。」換句話說，人絕對不可能觀測到通過過濾器之前的「**物自體**」。

KEY WORD ｜ 哥白尼式轉換

對象是經由認知而被定義。

By 康德

想法180度大轉變，稱爲哥白尼式轉換？

以往的認知方式（認知遵從對象）

康德提倡的認知方式（對象遵從認知）

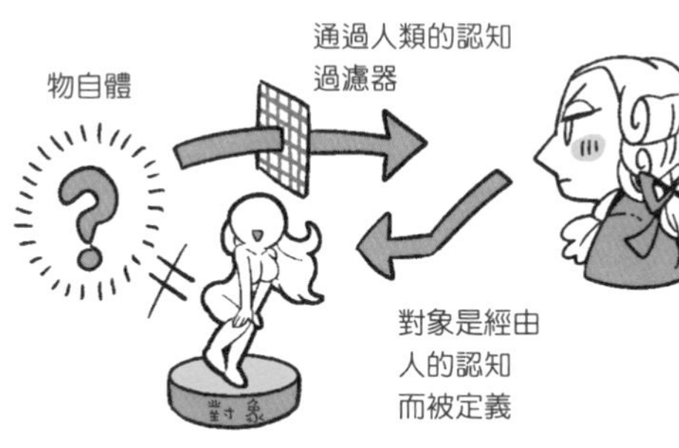

跟以往的認知方式
180度不同的構想

不同於過去的「先有對象存在，人才能夠認知」，康德提出完全相反（哥白尼式轉換）的觀點：「先由人認知定義後，對象才能夠存在」。

康德認為人無法認知「物自體」，反過來說「一切事物都是經由人的認知而被定義」。亦即，**無論「物自體」的原先姿態如何不同，透過人的認知方式，能夠任意扭曲、決定其型態**。這個跟以往「先有對象（物自體）才認知」完全不同的「**哥白尼式轉換**」，為哲學界帶來衝擊。

自我是自己發現我是誰。

By 費希特

出生於德國的費希特深受康德影響，是德國唯心主義的哲學家，其研究的哲學領域為「自我」的作用。那麼，到底什麼是自我呢？費希特說道：自我是行動的主體（原動力），而行動的目的是**主張「我的存在」**。於是，費希特提出「**事行（Tathandlung）**」一詞。

自我是自己行動主張存在的事實。

Johann Gottlieb Fichte

約翰・戈特利布・費希特

1762～1814

【思想】德國唯心主義

【地域】德國

貧困的天才童年

費希特小時候因生活貧困沒有就學。然而，某天一位男爵拜訪村莊，想要聆聽著名牧師的傳道，但牧師時間上無法配合，於是他聽取村民的推薦，傳喚費希特前來。結果，費希特發揮他的記憶力與理解力，重現了牧師的傳道內容。

人是靠行為顯示自我的存在

自我主張的行為影響了結果所產生的事實，這項事實行動就稱為「事行」。

事行是指，**「主張我這個人的行為」影響「該行為所產生的事實」的事實行動**。自我必須不斷主張「我」（行動）才得以存在，就像腳踏車需要不停踩踏才不會傾倒。費希特主張的「應該採取遵從自我的行動」，在受到拿破崙統治的德國柏林，獲得民眾廣大的迴響，激發了德國人的民族主義。

KEY WORD｜辯證法、正題、反題、揚棄、合題

所有事實是歷史的過程。

By 黑格爾

德國出生哲學家黑格爾，是德國唯心主義的集大成者。德國唯心主義的巨擘康德提倡「人類之間存在著普遍的真理」，但並未揭示達到該真理的具體方法。於是，黑格爾提出，**從諸多事物的對立當中，編織出普遍真理的「辯證法」**。

人類、社會是透過對立與整合追求絕對的真理，這就是人類的歷史。

Georg Hegel

格奧爾格・黑格爾

1770～1831

【思想】唯心主義

【地域】德國

人際關係薄情寡義？

黑格爾有一位名為謝林的同鄉親友，兩人共同出版哲學雜誌，關係甚為良好，但雜誌出版五年後，在黑格爾的代表作《精神現象學》的序文中，出現帶有侮辱謝林的描述，兩人因此斷絕友好關係。

反覆意見對立與整合的辯證法是？

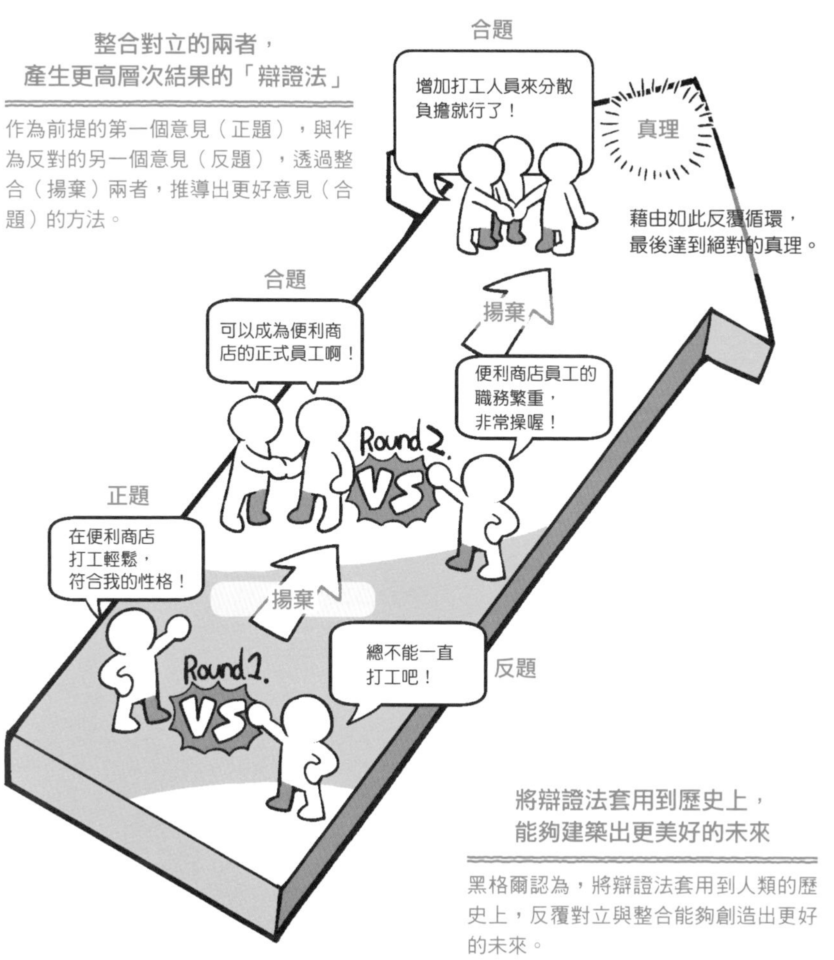

所謂的辯證法，簡單講就是「讓對立的意見相互碰撞、整合，最後昇華成更高層次的意見」的方法。首先，存在作為前提的第一意見（**正題**），與相對的反對意見（**反題**），接著讓兩者對立、整合（**揚棄**），從而產生更高層次的結論（**合題**）。黑格爾鼓吹將辯證法套用到歷史上，透過不斷對立與揚棄產生更好的未來。這個想法後來獲得其他人的支持。

KEY WORD｜悲觀主義（厭世主義）、盲目的意志、生命哲學

生命充滿無法逃避的苦難。

By 叔本華

叔本華是德國出身的哲學家，抱持「**悲觀主義（厭世主義）**」的獨特思想。他反對黑格爾的從歷史中找尋意義，認為歷史的變遷毫無意義，歷史不過是人類遵從盲目的意志延續生命的過程。就他來看，**正是這個盲目的意志孕育了源源不絕的紛爭、慾望**。

因為人不合理地
遵從盲目的意志，
才每天滿是苦惱與不安。

Arthur Schopenhaue

阿圖爾・叔本華

1788～1860

【思想】生命哲學

【地域】德國

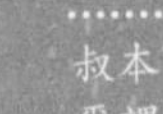

在柏林大學僅僅一學期的授課

叔本華在1820年擔任柏林大學的講師，與當時最受歡迎的黑格爾課程在同一時段開課，結果聽講學生僅有少數八名。自尊心甚高的他在後半年辭去教職，成為他最初也是最後的授課。

無論世界怎麼改變，苦難皆不會消失

什麼是悲觀主義？

只要存在「自己想要活得更久」這個無法控制的盲目意志，無論社會變得多麼美好，個人的苦難也不會消失。

04 近代

叔本華提倡，盲目的意志是「即便踢落他人也要活下去」永無止境的衝動，即便人類的知識、技術有長足進步，整個社會有所改變，個人的紛爭、慾望所帶來的苦難仍舊會持續存在。在這樣的苦難當中，叔本華認為熱衷文學、音樂等藝術，是唯一暫緩逃避盲目意志的方法。這是「**生命哲學**」的開端，後來由尼采發揚光大。

能用於工作上的辯證法

在工作、私人生活上，人生會碰到各式各樣的問題。有的時候會遇到A先生和B先生持相反的意見，但兩者都各有其道理，自己無法從中做出取捨。此時，黑格爾提倡的「辯證法」就非常好用。當遇到兩個對立的事物時，辯證法能幫助自己克服無法取捨的窘境，探索出更高層次的結論。

黑格爾認為，大自然、社會等所有一切皆能用辯證法獲得解決或者說明。任何事物都有負的一面，明明是如此卻能存在於世上。這樣的話，任何問題都應該能夠獲得解決才對。

辯證法在蘇格拉底的時代便已存在，但在當時僅是用來駁倒對方的方法。雖然這樣也很有意思，但身為現代人的我們，應該要像黑格爾把它當作生產性的手段來使用。

CHAPTER

05

現代哲學1

在工業革命造成的貧富差距、全球各地掀起的戰火之中，人們開始認同新生的價值觀與多樣性，追求讓生活更加美好的哲學。

彌爾
1806~1873
齊克果
1813~1855
馬克思
1818~1883
詹姆士
1842~1910
尼采
1844~1900
杜威
1859~1952
弗洛伊德
1865~1939
榮格
1875~1961

現代的哲學家1

波娃
1908~1986
卡繆
1913~1960
梅洛－龐蒂
1908~1961
沙特
1905~1980
海德格
1889~1976
維根斯坦
1889~1951
胡塞爾
1859~1938
雅斯培
1883~1969

CHAPTER 05 | 現代 1

上帝已死、潛意識的發現，戰爭影響哲學思想的時代

從19世紀到20世紀後半的現代思想，出現許多否定近代哲學的跡象，比如尼采宣言「上帝已死」，預測工業革命將動搖信仰基礎，造成虛無主義蔓延；弗洛伊德「潛意識」的發現，顛覆了以往關注「我」的意識與從中達到真理的近代哲學。

不再關注萬人共通的普遍真理，轉而強調探求個人的真理，追求自主生活的「存在主義」，受到齊克果、海德格、沙特等時代先驅者的支持。

這個時代最大的特徵是，第一次世界大戰、第二次世界大戰等戰爭，為哲學家們蒙上了一層陰影。羅素（Bertrand Russell）在一戰期間主張反對戰爭而入獄，其弟子維根斯坦從軍該場戰爭，在最前線經歷九死一生的險境，為自身的哲學發現新天地。胡塞爾因猶太血統受到迫害；海德格加入納粹黨，戰後因支持納粹而備受譴責；沙特也因戰後不斷參與反戰運動而為人所知。

KEY WORD

存在主義

不關注以往哲學追求的普遍真理，而是探求「自身認定的真理」的自主真理，又分為齊克果的有神論存在主義，與沙特的無神論存在主義。

KEY WORD

實效主義※

皮爾士（Charles Peirce）提倡的觀點。事物的概念是由其實際效果而被確定，若為有用則為真理。繼承其思想的詹姆士與杜威，分別提倡實用主義、工具主義。

※譯註：「實用主義（Pragmatism）」是由皮爾士率先提出，但後來為了避免與詹姆士的實用主義混淆，皮爾士另創了新詞「實效主義（Pragmatisicism）」表示自己的學說。

KEY WORD

潛意識／集體潛意識

弗洛伊德發現理性無法控制的意識，稱之為潛意識。榮格提倡的集體潛意識跟由個人經驗產生的潛意識不同，認為在比潛意識更深層的地方，存在著全體人類共通的意識。

KEY WORD

懸置（Epoche）

希臘語「保留、終止」的意思，在哲學上意為「迴避直接斷定，暫時保留判斷」。

作一個不滿足的人，勝過一隻滿足的豬。

By 彌爾

彌爾是英國的哲學家，其著作《自由論》對「**自由主義**」帶來深遠的影響。起初傾心於邊沁以計算快樂量化幸福的功利主義，但後轉而主張「質」的功利主義。換句話說，邊沁重視身體快樂的「量」，而彌爾**重視精神快樂的「質」**。

僅有身體上獲得滿足，
人並不會變得幸福，必須活得
有智慧、感受到自由才稱作幸福。

John Stuart Mill

約翰・史都華・彌爾

1806～1873

【思想】功利主義

【地域】英國

21歲發生「精神危機」

出席討論會等職務繁重的彌爾某天突然醒悟，雖然自己的改革全部實現了，但內心卻不覺得幸福。沒有意義的感覺和無力感使他陷入憂鬱狀態，後來在著作中把這個狀態描述為「精神危機」。

即便快樂的量相同，但質卻不同

※五合目：日本表示登山路的概略單位。五合目相當於半山腰。

邊沁鼓吹增加所有人「量」的快樂，但這樣只會徒增滿足「低品質快樂」的人類（＝豬）。彌爾主張**人需要的是能夠在精神上培養知性、道德觀等的高品質快樂**，並強調教育的重要性。彌爾認為不應著重於整個社會的快樂，而應以個人快樂為目標，**構想保障個人能夠自由追求優質快樂的制度**。其構想不只衝擊了哲學，也對經濟學等20世紀的英國社會帶來影響。

絕望是致死之疾。

By 齊克果

齊克果是丹麥的哲學家，被稱為存在主義之父。相對於以往哲學家探求普遍的真理，他不斷追求「主觀的真理」。他所尋求的不是萬人接受的客觀真理，將**努力自主地活於當下稱為「存在」**，認為**迷失原本自我的狀態為「絕望」**。

人能夠透過信仰
將自我託付於上帝，
藉此脫離絕望。

Søren Kierkegaard

索倫・齊克果

1813～1855

【思想】存在主義

【地域】丹麥

父親的「絕望」靈驗了

齊克果的父親邁克爾（Michael Kierkegaard），在前妻去世後不但對女傭粗暴，還讓她懷孕生下齊克果，他對孩子們說道：「自己的罪過會讓兒女活不過34歲。」對此感到絕望。實際上，七位孩子當中就有五位在34歲之前離開人世。

比起客觀的普遍眞理，主觀的眞理更爲重要

什麼是主觀真理
的存在主義？

認為不應追求大眾信服的真理，而是尋求我（個人）認同的真理。

黑格爾主張：「為了萬人共通（多數人）的價值，應該犧牲例外（少數人）的價值。」對此，齊克果反駁：**作為不被普遍價值所困的「例外者」活下去，也有其價值存**在。齊克果所主張的「**存在主義**」在當時不受到支持，但後來由沙特、海德格等人發揚光大。

KEY WORD｜資本論、勞動價值論、資產階級、無產階級

至今一切的社會歷史都是階級鬥爭的歷史。

By 馬克思

馬克思是德國出身的哲學家，與恩格斯（Friedrich Engels）共同建立社會主義、共產主義的概念。在其著作《**資本論**》中，他對構築平等社會這廣大的議題，提出不同面向的剖析。馬克思認為，**資本主義的基本前提，是勞動量決定商品價值的「勞動價值論」**。

發起社會革命，
創造新的生產關係吧。

Karl Marx

卡爾・馬克思

1818～1883

【思想】共產主義

【地域】德國

馬克思其實是揮霍無度的人

馬克思在大學時代總是和朋友喝酒胡鬧，向別人借了很多錢。雖然其父親有給予接濟，但這些生活費也被他拿來飲酒作樂。流亡期間，他也馬上用罄親友恩格斯的援助，經常出入當鋪換錢。

僅資本家階級積存利潤的資本主義社會

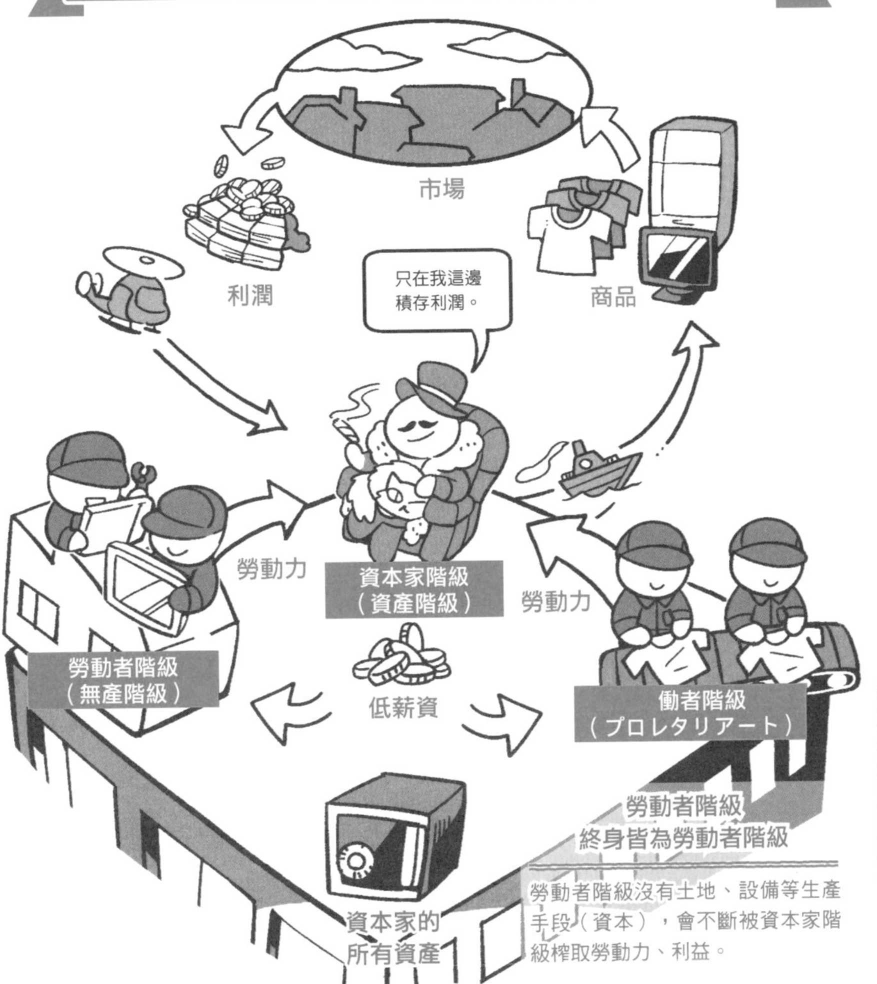

資本主義認為，勞動者階級（**無產階級**）會被資本家階級（**資產階級**）榨取勞動力、利益，在資本家階級積存利潤。這只會使勞動成為厭煩之事，人類的價值改由貨幣來衡量，不斷擴大資本家階級與勞動者階級的貧富差距。為了跳脫這樣的狀況，馬克思**主張應該發起革命，使土地、工廠等生產手段公有化，重新分配已生產的資源**。

上帝已死。

By 尼采

尼采是德國的哲學家，受叔本華等人的影響提出獨自的思想見解，其中比較有名的是「**上帝已死**」的宣言。當時的歐洲經歷工業革命，逐漸浮現公害污染、苛刻的勞動環境等問題。在近代文明的發展、基督教影響力的式微之下，**「發展即為一切」、「相信上帝」等以往的價值觀開始動搖瓦解**。

在既有的價值觀瓦解時、
失去以往相信的事物時，
更要依照自身的意志活下去。

Friedrich Nietzsche

弗里德里希・尼采

1844～1900

【思想】存在主義

【地域】德國

謎團重重的發瘋

晚年待在義大利杜林（Turin）的尼采，寄了詭異的信件給數位朋友。看到「我是人類，這是一種偏見」的描述，還有說自己是豬隻、希臘神話中的神明等內容，朋友趕緊把他帶回巴塞爾（Basel）。

近代化瓦解以往的價值觀

尼采確信，由近代化伴隨而來的問題、基督教的衰退，將進入「以往認同的價值觀真的正確嗎？」不曉得該相信什麼的「**虛無主義**」時代。於是，他提倡「**當失去依循（信仰）時，應創造僅屬於自己的價值**」，留下「上帝已死」這樣一句話。

KEY WORD｜實效主義、實用主義

一切信念本身都是真的。

By 詹姆士

詹姆士是美國的哲學家，創立美國第一所心理學實驗所等等，是活躍於心理學領域的人物。**他發揚、確立了友人皮爾士創立的「實用主義」**。實用主義是，「**由經驗結果判斷事物是否為真理**」的思想。這個觀點彷彿科學實驗，總之先嘗試實行，再由「結果如何？」來進行判斷。

如果信仰本身能成為
當事人心理上的慰藉，
那信仰就可以是真理。

William James

威廉・詹姆士
1842～1910
【思想】實用主義
【地域】美國

詹姆士在超自然現象中發現的真理

詹姆士對超自然現象也產生興趣，曾說：「相信的人能夠拿出說服我的材料，但懷疑的人就沒有任何足以令我相信的證據。」這後來被稱為「威廉・詹姆士的法則」。

端看自己怎麼想，結果好就一切都好

05 現代1

詹姆士定義：「在生活上有用的知識才是真理。」也就是主張：「**如果本人認為對生活有帶來幫助的話，那知識就是正確的。**」舉例來說，「占卜運勢第一名的話，考試就能考高分」的期待，一般可能認為那只是心理上的錯覺，但若當事人因此努力準備考試，最後拿到好成績的話，那占卜運勢就可以是真理。他的思想為「**實用主義**」，對美國文學、日本的哲學思想等帶來廣大的影響。

人只有在碰到困難時才會開始思考。

By 杜威

杜威是跟詹姆士一樣贊同實用主義，並使其發揚光大的人物。他認為，人類的知識（思考）不過是讓生活過得更好的工具，知識本身並沒有目的、價值。他的這個主張被稱為「**工具主義**」。

在面對困難時，
就利用知識這項工具，
引導出正確的真理吧。

John Dewey

約翰・杜威

1859～1952

【思想】實用主義

【地域】美國

現今日本仍在使用的杜威學習論

杜威認為教育的功能是，整頓促使人自發性成長的環境。從他的學習論所衍伸出來的是，自己發現問題並且解決的「解決問題教學法」。近年，日本文科省也在開始推廣「主動學習法（Active Learning）」。

人會靠著思考這項工具面對困難

將人類的思考、推測視為道具的「工具主義」

認為「該怎麼辦？」「這樣做如何？」等思考、推論，不過是人用來解決問題的工具。

05 現代1

比如在面對問題時，人會透過「我來想想辦法吧」、「該怎麼做才能解決？」、「想到A、B兩種方法」、「A方法或許行得通」的思考、推論過程，最後獲得「A方法能夠做到」的結論。杜威認為這樣的思考，是**產生更好結果的工具**。思考→推論→結論的程序，現在作為「解決問題學習法」活用於教育上。

KEY WORD | 潛意識、本我、超我

支配人的行爲是潛意識。

By 弗洛伊德

奧地利精神科醫師的弗洛伊德，除了是精神分析學的創始者，也是建立起心理治療基礎的人物。其最大的貢獻莫過於「**潛意識**」的發現。在此之前，哲學認為人能夠控制理性，而他主張**人的行動受到潛意識所支配，理性沒辦法控制**。這觀點對哲學界帶來了衝擊。

人類先天的本能與後天的行動規範，受到潛意識所支配。

Sigmund Freud

西格蒙德・佛洛伊德

1865～1939

【思想】潛意識

【地域】奧地利

在悲劇中迎來最後一刻

弗洛伊德在世界大戰期間，不斷為患者診察、進行研究，但其得意門生、女兒、與親人相繼逝世。後來，他又被納粹黨追捕，在流亡的國家罹癌，最後懇求主治醫師投予致死劑量的嗎啡，結束自己的生涯。

潛意識所想的事情會在「無意之中」表露出來

本來要說「獲得勝選」，但想要退選的念頭讓他說出相反的話，這個「錯誤行動」也是潛意識的一種。

理性並非絕對的存在，人會受到潛意識所支配

笛卡兒等過去的哲學家們認為「理性」、「自我」肯定存在，但弗洛伊德的「潛意識」推翻了此觀點。

弗洛伊德認為，人的精神是由三個領域所構成：追求快樂、**迴避痛苦遵從原始慾望的「本我」**，與此相反的「不可以～」等**受後天規範箝制的「超我」**，以及調整性質上對立的本我與超我以適應外界的「自我」，這三個作用在潛意識中進行，人無法操弄它們。

KEY WORD | 集體潛意識、原型

萬人共通的潛意識是存在的。

By 榮格

榮格是瑞士的心理學家、精神科醫師，與弗洛伊德有友好的來往，一同致力於發展精神分析學，但兩人逐漸在精神分析出現理論上的差異，榮格獨自走上「分析心理學」的道路。「**集體潛意識**」是兩人發生衝突的原因之一，榮格認為**在每個人的潛意識當中，存在著全人類共通的潛意識**。

潛意識涵蓋的範圍廣大，
除了個人的潛意識之外，
尚有集體的潛意識。

CAR GUSTAV JUNG

卡爾・古斯塔夫・榮格

1875～1961

【思想】集體潛意識

【地域】瑞士

受親人影響而傾心超自然現象

據說榮格母親一方的親戚許多人擁有很強的靈感，其母親也曾說榮格小時候經常像是被莫名的東西附身，說話方式變得奇怪。因為這些經歷，使他對降靈術、超能力、UFO產生強烈的興趣，甚至還發表相關的論文。

每個人共通擁有的「原型」是什麼？

雖然全世界存在不同的神話、民俗傳說，但裡頭有著超越民族、集團的共通點。世界各地近似東洋曼荼羅的花紋、各古代文明皆有建造象徵母性的女神像等等，榮格從這些地方發覺萬人共通的意象，稱之為「**原型（Archetype）**」。榮格從文明、神話探索潛意識的「分析心理學」，現在也廣泛用於心理醫療法上。

KEY WORD｜現象學、懸置

為何能夠確信？

By 胡塞爾

胡塞爾是德國的哲學家，被稱為「**現象學**」之父。我們對於眼前的事物，比如看見高山、海洋，會毫無疑問地相信這些「存在的事物」。然而，在現象學中，**對於個人主觀中對存在根據的確信，著眼於「為何能夠確信？」「這份確信從何而來？」等部分**，探討意識的內側。

排除個人主觀的感受，
追求浮現於意識的表象！

Edmund Husserl

埃德蒙德・胡塞爾

1859～1938

【思想】現象學

【地域】奧地利

發揮驚人集中力的軼事

胡塞爾小時候是位普通的活潑少年，某次他收到別人送的折疊刀，但刀子卻不怎麼銳利，在專注磨刀的過程中，刀刃不斷變小，最後磨到整個刀身消失。他後來悲傷地向弟子敘述這段往事。

為何能夠確信那是烏鴉？

僅靠直觀確信烏鴉的存在

儘管只有「烏黑」、「恐怖」等烏鴉的部分特徵，人仍能仰賴直觀確信其存在。

05 現代1

胡塞爾暫時保留（**懸置**）對象存在的確信，調查該對象會對觀察者的意識帶來什麼樣的影響。結果，他發現即便對象不存在，人也能透過五感產生的直觀（烏黑、銳利等）與從預備知識獲得的直觀（感覺兇暴、感覺恐怖），由這兩種感受確信對象「存在」。胡塞爾主張，**懸置（Epoche）是探究確信根據的方法，除了哲學之外，也可應用於學問、政治上**。

所謂爲人，即爲實現人的存在。

By 雅斯培

雅斯培整合了齊克果的存在主義，自身也從存在主義中悟出哲學，認為人並非如物體僅僅存在而已，而是自主生活「實存」於這個世上。然後，他主張在面對死亡、戰爭、事故等人生障礙時，人才能活出真正的自我（實現存在）。雅斯培將這些狀況稱為「**界限處境（Limited Situation）**」。

自我會不斷地成長、不斷地提升層次。

Karl Jaspers

卡爾・雅斯培

1883～1969

【思想】存在主義

【地域】德國

從納粹黨手中保護妻子的愛妻人士

雅斯培的妻子因猶太血統將被強制送入收容所，為此反抗的雅斯培遭到任教大學驅逐，兩人堅守家中持續反抗。不久，他們居住的地區被美軍所佔領，兩人才得以倖免於難。

即便處於絕望的深淵，也應該要有共體時艱的夥伴

界限處境

在界限處境下遇到挫折，人會遇到包容這份悲傷的統攝者（Encompassing），但僅只如此仍舊不夠充分。為了提高實現存在的感覺，雅斯培注重與他人的來往，主張**藉由在界限處境下與他人切磋琢磨，進行「愛的鬥爭」，人才能感到真正實現存在**。

05 現代1

KEY WORD｜科學語言、邏輯語言

對於不可以言說的東西，我們必須保持沉默。

By 維根斯坦

維根斯坦是奧地利出身的哲學家，師事羅素鑽研倫理學。然而，第一次世界大戰開戰後，他志願從軍在最前線作戰。退伍後，完成《邏輯哲學論》一書，自詡「**已經解決所有哲學和邏輯學的問題**」而疏遠哲學。後來，經歷小學老師、園丁等工作後，又重新拾起哲學，度過了起起伏伏的人生。

語言的界限意謂著世界的界限，
凡語言不能談論的事物，
就應該保持沉默。

Ludwig Wittgenstein
路德維希・維根斯坦
1889～1951

【思想】語言哲學

【地域】英國

因體罰被迫辭職

擔任小學教職員的維根斯坦，經常體罰回答不出問題的學生。某次，被打頭的學生當場昏倒，他慌張地請醫生看診，但後來遭到警方申訴而提出辭呈。

無法證明的問題不該隨意說出口

從哲學到形上學，維根斯坦致力於排除上帝等真偽不明又無意義的談論。為此，他將語言分為兩類，一類是**理論上能夠確認真偽的「科學語言」**，另一類為**不能確認真偽的「邏輯語言」**。維根斯坦明確區別兩者，說道：「凡不能談論的，就應該保持沉默。」

KEY WORD｜此有、在世存有

人是能夠認知存在的生物。

By 海德格

海德格是德國的哲學家，哲學的研究主題是「存在」，但胡塞爾的現象學讓他找到問題的線索，於是師事胡塞爾。先觀察自我意識的現象學手法，跟海德格追求的觀點一致。在其著作《**存在與時間**》中，以存在主義的解釋學切入，詳細分析人存在的本質。

人是藉由意識世界的存在、意識自己的死亡，而確實感到活著的生物

Martin Heidegger

馬丁・海德格

1889～1976

【思想】存在主義

【地域】德國

被海德格牽著鼻子走的女性思想家

任職大學助教的海德格，後來跟闡述納粹主義的思想家漢娜・鄂蘭（Hannah Arendt）結識，對她一見鍾情。然而，海德格已有妻室，兩人只能私下幽會，雖然中途一度離別，但17年後再次相會，直到晚年維持著交友關係。

人是靠與世界發生關聯而存在

人藉由與世界發生關聯而存在，並且會意識其他的存在

人自出生下來就會以五感、意識與世界（他人、道具、時間）發生關聯而存在，這樣的關係性稱為「在世存有」。

海德格定義**人＝「此有（Dasein）」**，意為能夠理解存在概念的個體，**僅有在了解存在的情況下，「此有」才得以實現人的存在**。世界是由某物存在的概念所構成，人在生活中需要不斷解釋這些存在。世界與存在的這般結構，海德格稱之為「**在世存有（In-der-Welt-Sein）**」

05 現代1

KEY WORD | 存在的理由（Raison D'être）

存在先於本質。

By 沙特

沙特是法國的哲學家、作家，在推廣存在主義方面貢獻卓越，小說《嘔吐》一書掀起世界級的風潮。存在主義即「追求自己現在活著這件事」，沙特主張人自懂事以來便已存在，因而**人必須創造自身的本質，開拓屬於自己的人生**。

當人察覺到時就已經存在，
所以人必須一面活著，
一面創造自己的本質。

Jean-Paul Sartre

尚－保羅．沙特

1905～1980

【思想】存在主義

【地域】法國

玻璃杯開啟了哲學的大門

沙特高中時期的朋友雷蒙．阿隆（Raymond Aron），指著玻璃杯說道：「如果你是個現象學家，就可以從這杯雞尾酒大談哲學！」沙特被這句話給點醒，開啟了他心中的哲學大門。

自由的選擇伴隨著不安

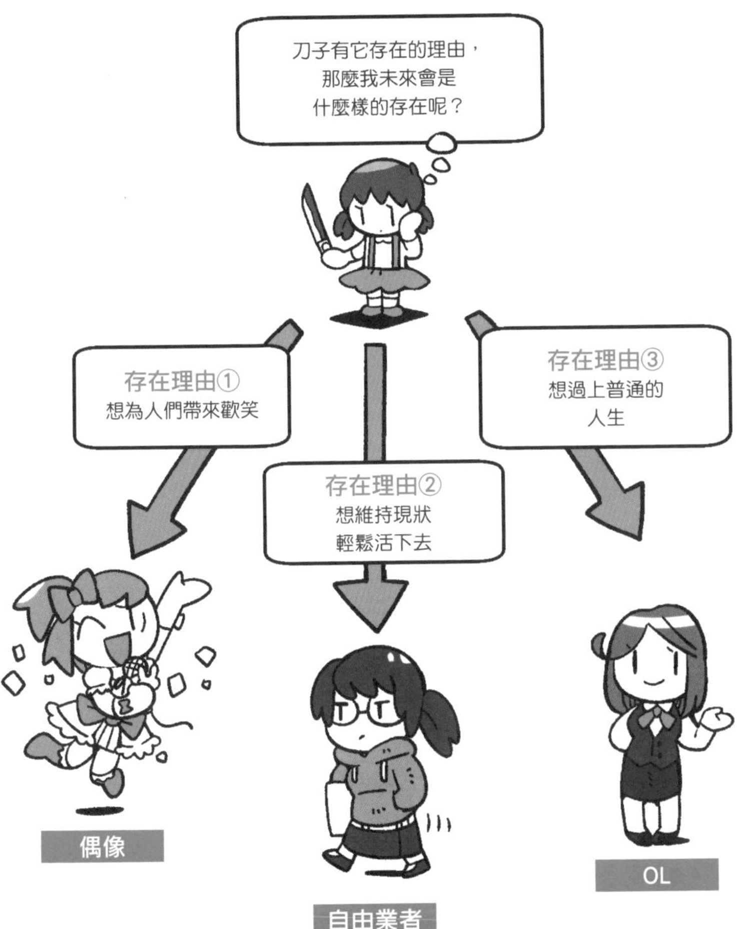

物體會先有**存在理由（Raison D'être）**，比如刀子有著「切割東西」的存在理由，但裡頭沒有選擇的自由，刀子沒辦法成為原子筆。而**人能夠自己自由地創造存在理由**，不過卻也同時伴隨著責任與不安。沙特將此形容為「**人被處以自由之刑**」。

05 現代1

KEY WORD 女性主義

人並非生而爲女人，而是成爲女人。

By 波娃

波娃是法國的文學家、哲學家，以對法國的女性解放運動貢獻卓越而聞名。在1949年出版的著作《第二性》中，針對被認為劣於男性的性別，受到庇護、遭到壓榨的女性存在，舉出各種實例展開論述。波娃成為**女性主義的先驅，試圖改變男性支配的世界，創造出平等社會**。

女性的特質並非與生俱來，
而是社會強制灌輸的結果。

Simone de Beauvoir

西蒙・德・波娃

1908～1986

【思想】女性主義

【地域】法國

與女學生間的同性愛

與沙特約定契約式的結婚、倡導自由戀愛的波娃，或許是因沙特的風流不斷而心生不滿，遂與一名女學生締結同性愛的關係。但是，後來卻不慎撮合了女學生跟沙特，最終由自己提出分手。

因他人的壓力而成爲「女人」

波娃和沙特之間的關係相當有名，她形容沙特是「比自己更完全、跟自己相似的人」。**與沙特約定契約式的結婚，維持著婚姻關係但卻保障自由戀愛等，持有相當前衛的價值觀**。不論在私生活上還是反戰、人權維護等思想運動上，兩人的伴侶關係持續超過50年以上。

KEY WORD 不合理

人生是沒有意義的。

By 卡繆

卡繆是法國的小說家、哲學家，因《異鄉人》、《薛西弗斯的神話》等作品為人所知，這些著作的主題皆為「**不合理**」。卡繆認為**以清晰理性與世界對峙時所遇到的荒誕為不合理**，將直視不逃避這個不合理的態度稱為「反抗」。雖然這樣的態度跟存在主義有許多重疊之處，但卡繆否定有這一回事。

人生是沒有意義的。
人生有意義，
不過是人自己想如此認為。

Albert Camus

阿爾貝・卡繆

1913～1960

【思想】存在主義

【地域】法國

獲得諾貝爾文學獎後致贈恩師書信

卡繆因家境清寒，原本打算放棄就讀高中，但小學導師哲爾曼（Louis Germain）賞識其才能，資助他繼續升學讀書。卡繆在43歲時在文學活動上得到認同，獲頒諾貝爾文學獎。在頒獎的隔天，他馬上寫了一封感謝信致贈恩師。

人生只是持續反覆不合理罷了

卡繆認為，**人生是反覆無意義且不合理的行為**。每個人都想為自己的人生找出一點意義，可惜的是這個世界不會給予任何回應。這正是所謂的不合理、人生上的矛盾。卡繆主張，**接受這樣的人生矛盾，世界才會變得更容易生活**。對因第二次世界大戰而疲弊的年輕人們來說，卡繆是他們的精神領袖。

KEY WORD 肉身

身體是與世界聯繫的交接口。

By 龐蒂

梅洛－龐蒂是知名度與沙特並列的法國代表哲學家，與沙特一同創辦雜誌《近代》，努力在政治上發表言論，但兩人後來因在馬克思主義的見解分歧而決裂。他**受到胡塞爾現象學的影響，獨自構想出以「身體」與知覺為中心的現象學**。

握手的時候，
我能感覺到在觸摸，
同時也可以感覺到被觸摸。

Maurice Merleau Ponty

莫里斯・梅洛－龐蒂

1908～1961

【思想】現象學

【地域】法國

喪失婚約者的悲痛過去

梅洛－龐蒂在學生時代與一位名為莎莎的女性結識，兩人約定要走入紅毯。然而，龐蒂從她的父親那得知，自己的生父不是海軍士官，而是別間大學男教授後，兩人解除婚約，莎莎因內心受到打擊而病死。

身體與世界的接點——肉身

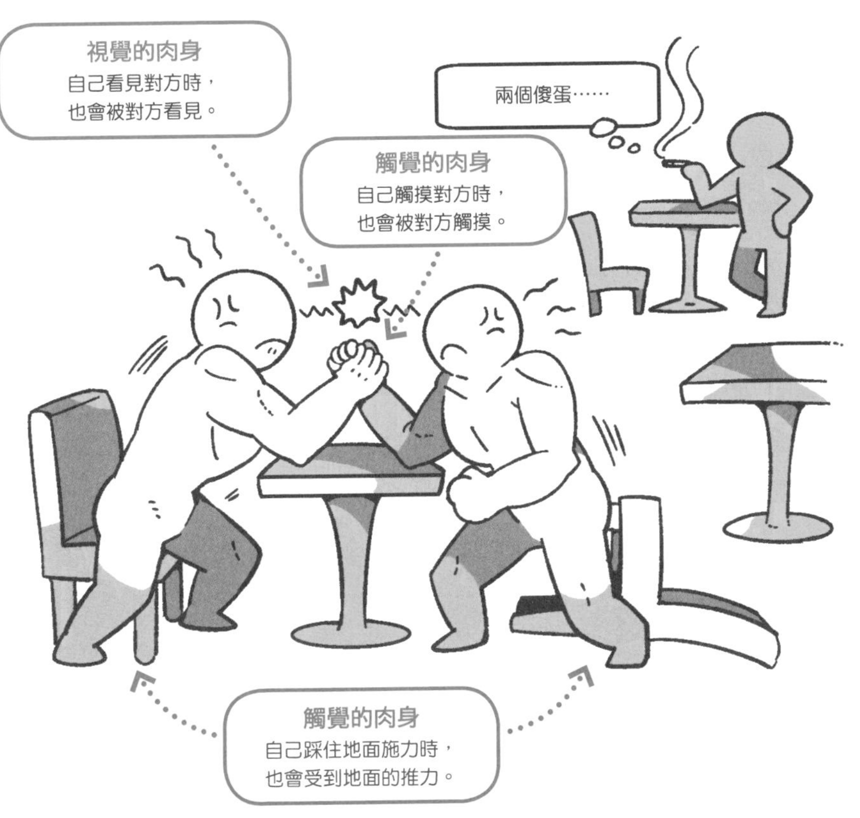

梅洛－龐蒂認為，身體的經驗既不是意識也非物質，而是「**具有兩義性的概念**」。人是透過身體看見、觸摸物體，身體是與世界與我的接點，龐蒂稱這個**有如介面般作用的接點為「肉身（Chair）」**。身體觸摸他人的同時，也會被對方觸摸；眼睛看見東西的同時，也會受到世界觀測。

哲學在商業上也不可或缺!?

難怪歐美如此重視

在日本，哲學頂多上些倫理等課程，稍微接觸一下而已，但在海外卻被視為商業人士應有的教養。在法國，從小時候就得針對哲學的課題進行議論，而且哲學也是高中的必修科目；在美國，隨處可見引用哲學的日常情境，常可聽到哲學家的名字和名言。然後，隨著全球化日益發展，教養的重要性逐漸受到重視，日本也開始慢慢推廣學習哲學的風潮。

舉例來說，運用黑格爾的「辯證法」，處理商業上的交涉、問題解決；引用馬基維利的《君主論》，印證領袖應有的作為，這些在國外都是稀鬆平常的事情。以尼采的「永劫回歸」來面對困境、以沙特與波娃的軼事來推崇自由戀愛……錯了，這跟商業的關係不大。

CHAPTER

06

現代哲學2

在科學技術長足發展、經歷大變革的現代社會，出現「後結構主義」，系統化多元價值觀的語言哲學成為主流。

傅柯
1926~1984
德勒茲
1925~1995
德希達
1930~2004

現代的哲學家2

06 現代2

CHAPTER 06 現代 2

因應多元價值觀而不斷進化的西洋哲學

20世紀各地爆發大規模的戰火。在這樣的混亂中，西洋哲學被迫建立起新的價值觀、系統化倫理，展現獨自的進化。

進入戰後的1960年代，人類的價值觀、視野逐漸拓廣，出現加入其他學術成果的「結構主義」。接著，主張「生的權力」的傅柯、重新檢討整個西洋哲學的德希達、將數學概念運用於哲學上的德勒茲等人，批判結構主義的觀點，提出「後結構主義」。1980年代以後，在東西冷戰的對峙與結束、世界各地的地區紛爭、全球化對各國文化帶來的衝擊、網際網路的普及、愛滋病成為全球性的流行病等背景下，批判思考全球化現象的奈格里、提倡「溝通行動論」的哈伯馬斯、主張「社群主義」的桑德爾等諸位學者，試圖將多元的世界價值觀轉化為語言。後來，隨著這些思想、學問的發展，「思辨實在論」的代表學者梅亞蘇等人，提出「後後結構主義」等等，西洋哲學仍舊不斷地進化著。

KEY WORD

後結構主義

1960～1970年代於法國興起的思想運動總稱。由以結構概念分析社會、文化的「結構主義」衍伸，試圖超越結構主義思想框架的運動。

KEY WORD

塊莖（Rhizome）

根莖的意思。德勒茲和伽塔利（Pierre Guattari）運用相對於傳統秩序的樹狀階層（Tree），以網眼狀纏繞的根莖圖譜，解釋現代思想與文化狀態。

KEY WORD

社群主義

重視共同價值的思維、主張，又譯為「共同體主義」。部分觀點與強調「在不危害他人情況下的個人自由」的「自由主義（Liberalism）」對立，興起「自由主義與社群主義論爭」。

KEY WORD

公共領域（Public Sphere）

人們相互討論公共議題的空間（如18世紀歐洲流行的咖啡廳、文藝沙龍等）。哈伯馬斯認為「公共領域」是引發法國大革命的導火線，同時也指出此空間在現代逐漸式微。

人只有透過服從權力才能成爲主體。

By 傅柯

傅柯是法國的哲學家，被稱為**後結構主義者**。繼承以結構的角度切入，理解、控制各種現象的結構主義，並對其批判思考，以各種觀點再次檢討近代社會。將現代日常中不對勁、矛盾之處與歷史對照分析，思索「權力」的應有型態，**批判近代社會管理人類的強權統治**。

近代社會中的主體並非自由意志，
而是由權力獲得地位，
才得以形成主體。

Michel Foucault

米歇爾・傅柯

1926～1984

【思想】知識考古學

【地域】法國

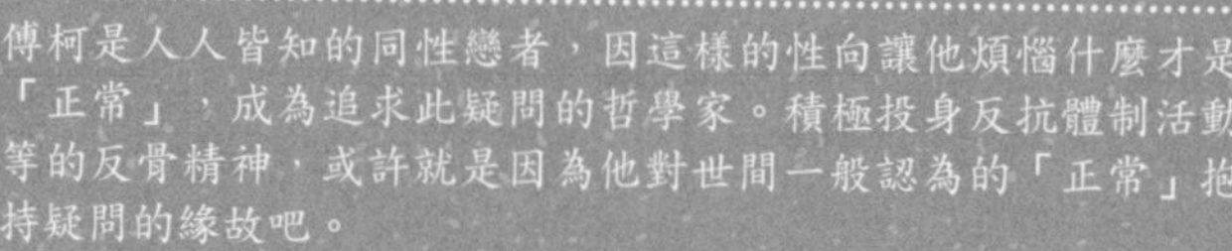

作為同性戀者積極參與活動的人

傅柯是人人皆知的同性戀者，因這樣的性向讓他煩惱什麼才是「正常」，成為追求此疑問的哲學家。積極投身反抗體制活動等的反骨精神，或許就是因為他對世間一般認為的「正常」抱持疑問的緣故吧。

權力的應有型態由個人的外側移至內側

人彼此監視、被監視的「圓形監獄」是？

傅柯以監獄做比喻，在學校、公司、街角等各個地方，人會彼此監視、被監視，無意識地服從社會規範。

學校有上下課時間，而職場有規定的工作時程。在前近代，反抗權力會被處「死」，但在現代，人若不遵守時間規定的話，也是無法生存下去。**現代人在不自覺中受到時間、制度等各種規範所束縛，傅柯認為相對於前近代的「死的權力」，這樣的現象為「生的權力」**。傅柯將人受到生的權力所束縛的現代社會，比喻為「**圓形監獄（Panopticon）**」。

KEY WORD | 二元對立、解構

我們既是媒介者，同時也爲翻譯者。

By 德希達

德希達是提倡「**解構主義**」的哲學家，試圖以解構的方式顛覆蔓延於現代社會的「**二元對立**」。二元對立是指「男與女」、「光與影」等**對立的兩者**，其中德希達探究解開「說話者與聽話者」、「作者與讀者」等「**語言二元對立**」的結構。

只要說話者與聽話者之間
存在理解上的延遲，
就不可能達到真理。

Jacques Derrida

雅克・德希達

1930～2004

【思想】解構主義

【地域】法國

夢想成為足球選手的哲學家

德希達的雙親為猶太人，出生於當時的法國殖民地阿爾及利亞（Algeria）。或許就是因其少數民族的立場，培養了他對傳統思想的批判精神。順便一提，他年輕時的夢想是成為一名足球選手。

原型／複製品沒有區別

舉例來說，說話者以言語表示「意圖A」，由聽話者進行解讀。此時，對聽話者來說真理應是「意圖A」，但想要確認自己解讀的是否為真理，這次換成聽話者僅能以言語進行確認，產生了新的「意圖B」，結果意圖A、B、C……就這樣一直無限循環下去，不可能達到真理。換句話說，**即便人試圖達到真理，但這個前提本身就不可能達成**。這就是德希達的「解構主義」。

KEY WORD | 樹狀結構、塊莖

世界是經由不斷差異化而生成的。

By 德勒茲

德勒茲是代表後結構主義時代的法國哲學家，將數學的概念應用到哲學上，創造出新的概念，**否定西洋哲學的根本原則，同時探索自由的可能性**。對抗西洋形上學中從絕對唯一起源發展的**樹狀結構**，德勒茲以地下莖的「**塊莖（Rhizome）**」為模型，轉換思考的方式，強調差異、生成的概念。

世界好比一顆蛋，
能夠孵出任何東西，
卻也是不斷生成的存在。

Gilles Deleuze

吉爾・德勒茲

1925~1995

【思想】後結構主義

【地域】法國

不是「遊牧民族」的德勒茲

德勒茲與曾為精神科醫師菲利克斯・伽塔利（Felix Guattari）共同著作，提倡回歸遊牧民族生活的「遊牧論（Nomadology）」。然而，德勒茲一生幾乎沒有離開過自己的故鄉巴黎。

無序列、無系統的塊莖化

西洋哲學的樹狀構造，是以單一價值觀系統化複數事物的思想，比如黑格爾的辯證法（p.100）也是樹狀結構。在樹狀結構中，不符合其價值觀的事物會遭到排除。相對地，塊莖結構是指，**各式各樣的事物沒有序列、沒有系統，同時並列存在的狀態**。不存在整合的價值觀，**原封不動地保留各種差異的思想**。

理性是溝通的核心所在。

By 哈伯馬斯

哈伯馬斯是德國的社會學家、哲學家，為公共性理論、溝通理論的鼻祖。在現代社會的生活中，作為與他人、社會相互連結的時間與空間的「公共領域」式微，但哈伯馬斯認為，**透過追求相互了解的溝通行為，能夠發展出更民主的社會傳達與交流**。他提倡新的社會理論，構築了現代公共哲學的基礎。

所謂的理性，
是指能夠意識自己有必要
對他人展現正當性的能力。

Jürgen Habermas

于爾根・哈伯馬斯

1929～

【思想】溝通行為論

【地域】德國

訪日時的發言成為話題

2004年訪日獲頒京都獎的哈伯馬斯，說道：「知識人應該在提出建設性的意見、認為有助於改善狀況時才發言。知識人絕不能只會諷刺挖苦。」這真是如同他的形象，充滿耿直的發言。

使用理性尋求共識

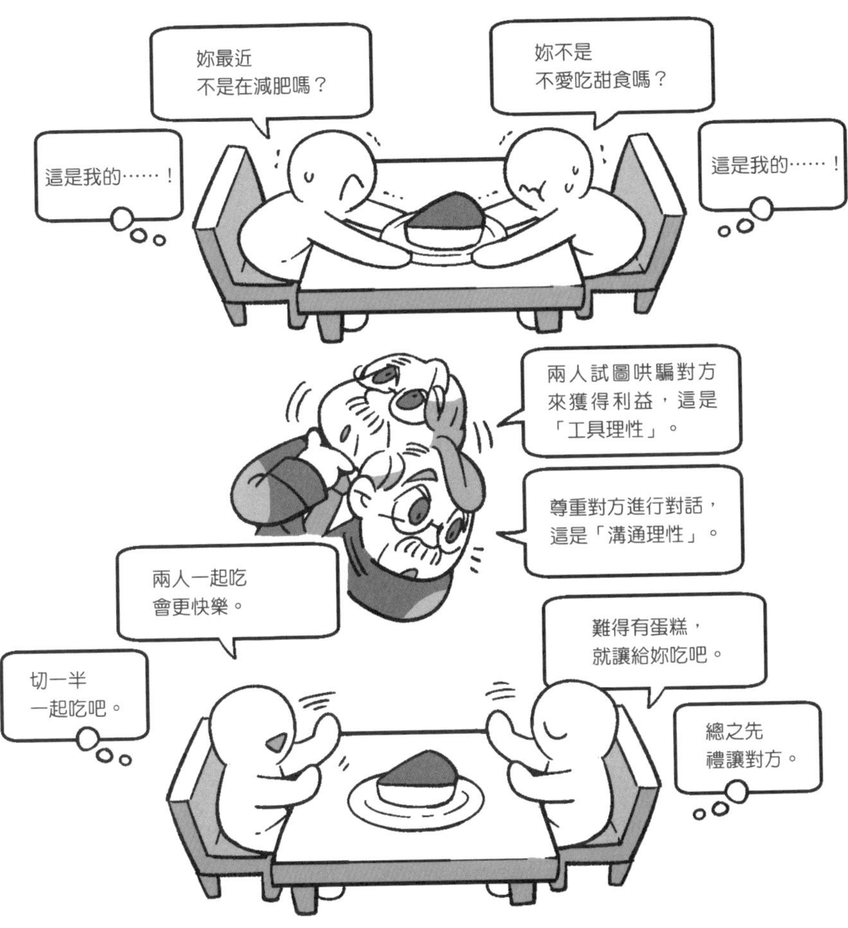

溝通行為是指，具備語言能力與行為能力相互理解的主體之間，摸索尋求共識的動作。此時，需要的不是說服對方、追求利益的「工具理性」，而是**尊重對方的「溝通理性」**。哈伯馬斯稱這樣的對話為「**審議**」，提倡以此作為基礎的民主主義，**確立了審議式民主（Deliberative Democracy）**。

KEY WORD | 諸眾

主權開始轉變爲新的型態。

By 奈格里

安東尼奧．奈格里是義大利的哲學家、政治運動家，贊同馬克思主義的思想，**與哲學家麥可．哈特（Michael Hardt）共著《帝國》，批判思考全球化的現象**。1980年代東西冷戰結束後，美國不斷強大起來儼然成為帝國，但奈格里所說的〈帝國〉是指，**超越國家的制度、跨國企業所形成的網狀權力**。

〈帝國〉有如一項脫離中心、
脫離領土的統治裝置，
由內部影響整個全球領域。

Antonio Negri

安東尼奧．奈格里

1933～

【思想】諸眾

【地域】義大利

被宣告有罪的激進派！?

1979年，奈格里因被指控策劃赤軍旅（Brigate Rosse）誘拐暗殺總理阿爾多．莫羅（Aldo Moro）而遭到逮捕。雖然他自身否定參與該事件，但因過去的激進言論、在社會運動上的影響力，最後被宣告有罪。

〈帝國〉要靠諸眾來對抗

支配世界的〈帝國〉並非國家，也沒有具體的型態，但卻是無所不在。能夠與之抗衡的，不是過去馬克思主義中的「無產階級（Proletariat）」，而是「**諸眾（Multitude）**」。**諸眾跟〈帝國〉一樣，是網狀連結人們的集合體**。奈格里試圖以馬克思主義的立場，解釋現代的全球化社會。

KEY WORD 社群主義、共善、無負擔的自我

個人的判斷受到社群所影響。

By 桑德爾

邁克爾・桑德爾是美國的哲學家、倫理學家，是**社群主義（Communitarianism）**的代表學者。在日本，以暢銷著作《正義：一場思辨之旅》為人所知。社群主義是，重視共同價值的政治思想。**在自由民主主義的範疇中強調共同價值，其主張由美國向外擴展開來**。

在多元價值觀的現代社會，必須重視人孕育出來的社群價值。

Michael J. Sandel

邁克爾・桑德爾

1953～

【思想】社群主義

【地域】美國

就連哈佛大學也顛覆原則的熱門授課

《哈佛白熱教室》是日本高人氣的電視節目。哈佛大學的課程基本上是「授課不公開」，但桑德爾的哲學課程實在過於有趣，聽講學生堂堂爆滿，大學相關人員只好顛覆原則，選擇對外公開課程。

個人所屬的社群價值很重要

桑德爾在日本人於東日本大地震時的應災反應，看到了社群主義的精神。

桑德爾認為人無法脫離社群，應由人多樣的善引導社會「正義」，強調**社群成員認同的普遍價值「共善」會形成社會規範**，認為**今後想要實現理想的統治，意識地方社群的共善更顯重要**。此時，在人人心抱持共善的前提下，**「無負擔的自我」不可能存在**。

KEY WORD｜後後結構主義、思辨實在論、相關主義、超混沌

相關主義是不誠實的戰略。

By 梅亞蘇

梅亞蘇是法國的哲學家，也是「後結構主義之後」的現代思想中，**歸類為「後後結構主義（Post-poststructuralism）」的思辨實在論（純粹現實主義）**的代表學者。以深受認識論影響的伊曼努爾・康德（Immanuel Kant）哲學為基礎，梅亞蘇**主張康德之後的西洋哲學皆受到「相關主義（Correlationism）」，亦即人類中心主義所支配**。

因果的必然性並不存在，即便是完全相同的原因，實際上也有可能引起100種不同的結果。

Quentin Meillassoux

甘丹・梅亞蘇

1967～

【思想】思辨實在論

【地域】法國

當今最受關注的哲學家

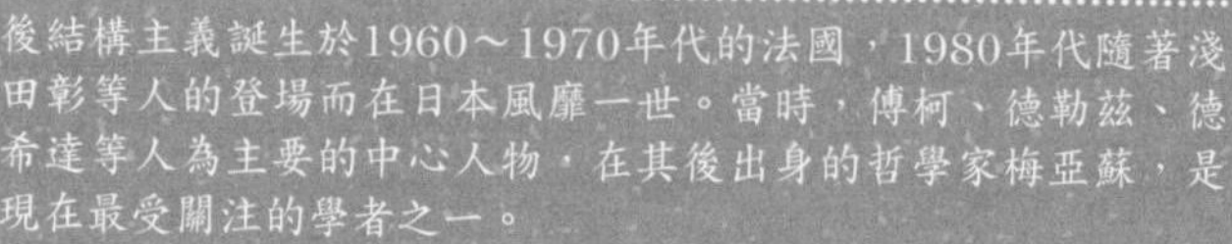

後結構主義誕生於1960～1970年代的法國，1980年代隨著淺田彰等人的登場而在日本風靡一世。當時，傅柯、德勒茲、德希達等人為主要的中心人物，在其後出身的哲學家梅亞蘇，是現在最受關注的學者之一。

人類認知之前的世界長什麼樣子？

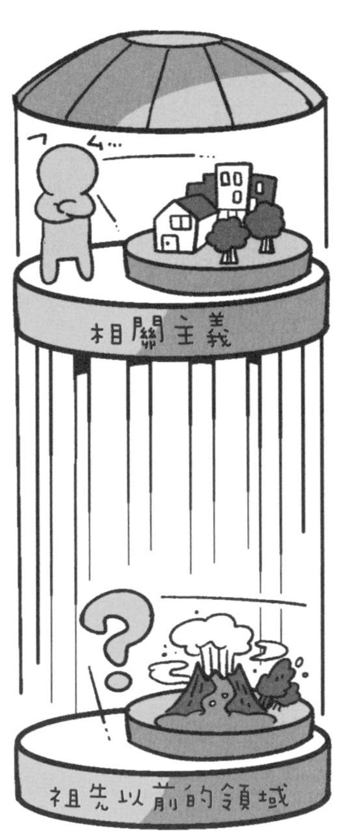

什麼是相關主義

世界依存於人類的認知之上，而人無法到達超越該認知的世界，認為世界與認知相關（彼此相互關聯）的思維。

06 現代2

梅亞蘇突破「相關主義」的窠臼，認為**世界處於「一切都有可能」的「超混沌」狀態**，所有自然法則僅是「偶然」，不存在因果的必然性，我們不能排除在下一個瞬間，事物在沒由來的情況下變成「完全不同的東西」的可能性，最後提出「偶然的必然性」的主張。梅亞蘇所開拓的這個領域，稱為「思辨轉向（Speculative Turn）」，逐漸發展成一大潮流。

意識並不存在？

什麼是哲學殭屍？

假設你眼前有一顆蘋果。除非你擁有特殊能力，否則不管怎麼默念「滾動吧！」，蘋果仍是毫無動靜。如同上述例子，人的意識無法影響物理法則，這是大家都能接受的認知。

從另外一個角度來講，意識也可視為腦的附屬物。稍微擺弄腦的機能，言行舉止就會受到影響，這是再明顯不過的證據吧。

如果我們也將腦想成是物理上的物質，那麼腦就不會受意識所影響才對。換句話說，即便自己沒有意識「這是一顆蘋果」，腦也能夠認知這是蘋果。假設沒有意識也能普通生活的話，不就表示人其實不需要意識！？最後會得出這樣的結論。

這是澳洲哲學家大衛・查爾默斯（David Chalmers）提出的思考實驗「哲學殭屍」。或許，你現在接觸過的人當中，也存在沒有意識的哲學殭屍也說不定。

CHAPTER

07

東方哲學

西元前古代中國出現的思想，雖與印度佛教的教義相衝突，卻仍能衍生各種不同的解釋。而日本則結合西洋哲學的倫理，發展出自己獨特的哲學。

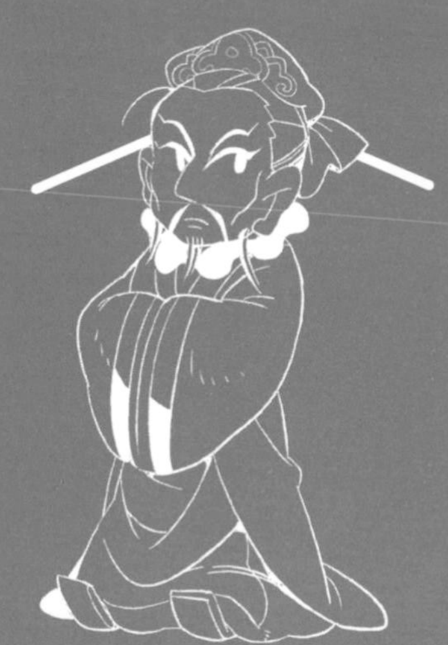

喬達摩・悉達多
BC463~BC383
孟子
BC372~BC289
孔子
BC551~BC479
老子
BC4世紀左右

東方的哲學家

07 東方

用於國家統治、支配的哲學，傳至日本後獨自進化

在東方文明中心地帶的古代中國，西元前6世紀左右，孔子、孟子、荀子等人確立了儒學，以老子為始祖的道教、孫子的兵法、韓非子的法治思想等，出現各種不同立場的思想。這些思想除了是維持民眾生活的精神寄託之外，也是群雄割據的大小國家用以維持封建體制的倫理系統。另一方面，在同一時期的印度，相對於推崇支配原理的吠陀教，發展出佛教等的思想、宗教。傳入中國的佛教因思想體系不同，與儒學等發生對立，最後融合兩者形成朱學。如此，混雜各種的思想而衍生出來的眾多解釋，在各地形成不同的思想體系。

日本也有類似的情況發生。明治以後，在導入歐美哲學的新生日本，學者們試圖將這些東方思想、宗教觀點結合西洋哲學的思想體系。融合佛教思想與西洋哲學的西田幾多郎、欲以西洋哲學解釋日本社會的九鬼周造、欲跳脫近世個人主義人類觀的和辻哲郎等，發展出近代日本獨特的哲學。

CHAPTER 07 出現的哲學用語

KEY WORD

佛陀（Buddha）

梵語「悟道者」的意思，在中國音譯為「浮圖」。這個詞從中國傳進日本後，在後面加上「ke」稱佛陀為「Hotoke」。

KEY WORD

墨家

信奉墨子學說的思想家集團，為諸子百家（出現於中國春秋戰國時代的眾多思想家、學派）之一。其學說否定儒家提倡的禮樂，推崇無差別的兼愛、互助扶持、勤儉節約等。

KEY WORD

德

在儒家，主要用以統稱「仁、義、禮、智、信」的五德（又稱五倫、五常）。順便一提，柏拉圖推崇「賢明、剛毅、節制、正義」等四德。

KEY WORD

禪

梵語「靜心沉思」的意思。禪是印度自古實行的修行法，傳入中國後發展成禪宗。與西田幾多郎深交的鈴木大拙，是將日本禪文化發揚至海外的佛教學者，其名聲遠播全世界。

消除欲望，苦難便消逝。

By 喬達摩・悉達多

西元前5世紀左右，誕生於北印度的佛教開山始祖釋迦也是一位哲人。認為宇宙我和個人我本質上相同、繼承古印度傳統《奧義書（Upanisad）》哲學的喬達摩・悉達多，反對吠陀教支配信仰的哲學觀點。**經歷長久苦行、冥想，悟出人生真理，受到世人尊稱「佛陀」，開創佛教作為世人跨越人生苦難的終極修行場**。

人生的苦難是人自己將變化無常的世界所產生的煩惱加諸於自己身上。

Gotama Siddhattha

喬達摩・悉達多

BC463～BC383 左右

【思想】佛教

【地域】古代印度

因酒池肉林而討厭女人！?

佛陀對女性出家面有難色等等，是出了名的「討厭女性」。其實，佛陀出生於王族家庭，宮廷裡聚集了來自全國的美女，據說他在出家以前過著後宮般的生活。因為在宮廷裡看盡女人之間醜陋的鬥爭，所以才對世俗感到厭倦。

到達涅槃寂靜的8個階段

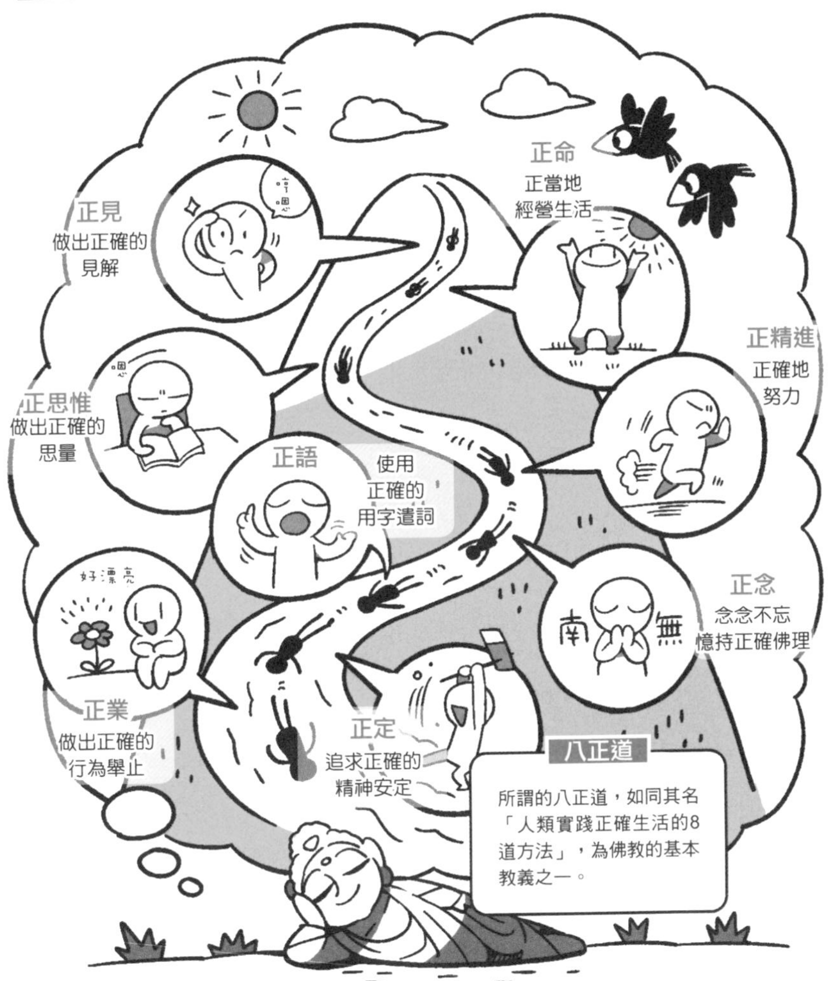

佛教根本教義的「**四法印**」，分別為因欲望無法滿足而感到一切皆為痛苦的「**諸漏皆苦**」；世間一切都在流轉變化的「**諸行無常**」；自我其實並不存在的「諸法無我」；理解前面三項並捨去煩惱，就能達到安樂境界的「**涅槃寂靜**」。為了實踐四法印，佛陀提出了**做出正確的見解、思量、遣詞、行為、生活、努力、注意、冥想的修行法「八正道」**。

KEY WORD | 仁道政治、仁、禮

德不孤，必有鄰。

By 孔子

孔子為春秋時代周朝（古代中國）的思想家、哲學家，也是儒家的開山始祖。在傳統身分地位秩序漸趨崩解的周朝末期，身為官吏的孔子以恢復周禮為理想，提出**仁道政治**。**邁入戰國時代後，諸子百家的弟子們建立儒教，並將孔子的言論集結成《論語》**。如同大家所熟知，這本書對日本文化帶來深遠的影響。

有仁德的人不會孤立，身邊必會出現協助者。人與人之間的聯繫應當推崇仁德與禮儀。

Confucius

孔子

BC551～BC479 左右

【思想】儒教

【地域】古代中國

孔子異樣的風貌

根據《史記》記載，孔子身長9尺6寸（約2公尺），因異樣的身高而被稱為「長人」。另外，孔子名「丘」的由來有一種說法是，因為他頭部發展異常，使得頭頂凹陷猶如倒過來的山丘。

訴說「仁德」與「禮儀」的孔子思想

儒教的根本在於「**實現以仁與禮為基礎的理想社會**」，認為**「仁」是以對親人的愛為出發點，擴及對他人的「仁愛」；「禮」是在社會規範下，讓仁表露於各種場面，則「禮」得以實現，維護社會道德**。另外，仁也能成為竭盡心力的「**忠**」、推己及人的「**恕**」。孔子認為，只要在心中建立起仁德，人便能成就善行。

KEY WORD | 老莊思想、道、自然無為

道可道，非常道。

By 老子

老子是活躍於春秋戰國時代的古代中國哲學家。道家是以老子的思想為基礎，後來發展的道教則以老子為開山始祖。有關老子的最古老記述，記載於歷史家司馬遷的《史記》，但也有些說法懷疑是否真有其人，是位謎團重重的人物。老子與繼承其思想的莊子，推崇**生活應該自然無為的「老莊思想」**。

可以說明的「道」不會是永恆的常道；可以描述的「名」不會是永恆的常名。

Lao-tse

老子

BC4世紀 左右

【思想】道教

【地域】古代中國

老子並非單一人物!?

給予孔子建言、向釋迦闡述教誨等，老子有很多極端的軼事，但也有人質疑真有其事。順便一提，《史記》將一般咸認《老子》的可能著者「老聃」，和「老萊子」視為不同的人物列舉事蹟。

道是孕育森羅萬象的根源

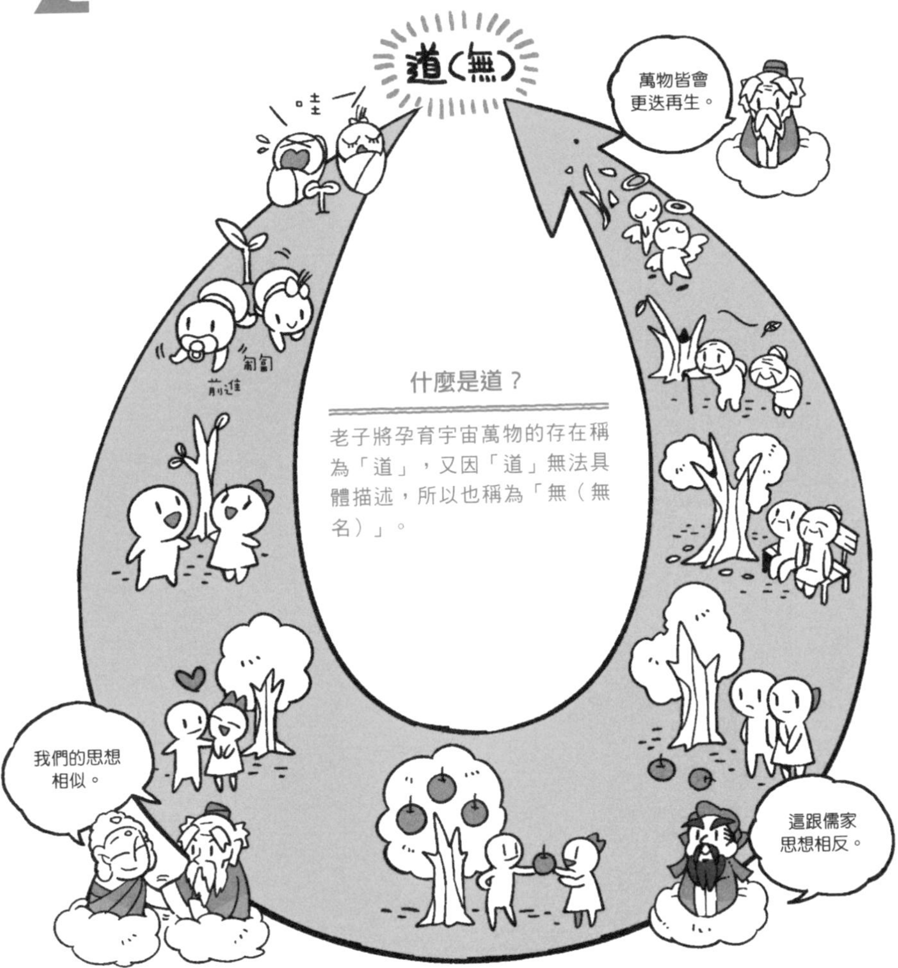

老子**推崇「自然無為」，不遵從人制定出的規範，而遵循宇宙原理「道」生活**。「道」是在天地形成之前的混沌，為萬物的根源、自然本身。「道」是完美無缺的，人只要捨棄自行決定的價值判斷，遵循自然而行動的話，一切就能順利發展。這是**與儒家思想相反的思維**。

KEY WORD 性善說、王道政治、德

民爲貴，社稷次之，君爲輕。

By 孟子

孟子是戰國時代的儒學家，師事孔子的孫子——子思。在孔子的後繼者當中，被認為是最為重要的人物。相對於墨家思想告子的「性無善無不善也」，孟子認為如同水往低處流，**人類的本質皆為「善」，主張「性善說」**。孟子認為不應以武力、謀略統治，推崇**仁義的王道統治**。

人民最為重要，土神和穀神在其次，
君主是最輕的。
君主應以仁義來治理國家。

Mencius

孟子

BC372～BC289 左右

【思想】儒教

【地域】古代中國

君主的導師與隨眾們

孟子不斷向諸國君主闡述治國之道，但其自尊心甚高，拘泥於君主們如「導師」般的待遇。另外，據說孟子40歲以後，效法孔子帶著數十台車與數百位隨眾周遊列國，四處遊說諸侯。

認爲人性本善的孟子教義

「性善說」簡單說就是，任誰都會想要幫助即將掉落井口的孩童，人天生具有善心、仁愛之心。此外，孟子**發揚光大孔子的「仁」，並將「仁愛」與「正義」之心稱為「仁義」**。性善說旨在闡述將心比心的「**惻隱**」、憎恨惡行的「**羞惡**」、互讓對方的「**辭讓**」、判斷對錯的「**是非**」，提倡**由這四端發展成「道德」**。

KEY WORD 性惡說

人性本惡。

By 荀子

荀子是中國戰國時代的思想家、儒學家，與孟子並列為儒教的重要後繼人，是將孔子教義之一的「仁」具體化，完成行為舉止、禮儀作法等「禮」的人物，**主張君子不應相信當時的「神秘禮儀」，而應該學習「禮」**。另外，他也**提倡政治上講求實力主義**。其中，讓荀子成名的是「**性惡說**」的觀點。

人自出生就有各種「惡性」，所以需要以規範、禮儀來實踐善舉。

Xun Kuang

荀子

BC313～BC238 左右

【思想】儒教

【地域】古代中國

在中國為非主流的荀子

中國的思想界以性善說為主流，使得性惡說在學問上被視為非主流的觀點。《荀子》一書最早發行於1068年，雖於1181年復刻再版，但在中國境內皆已散佚。日本金澤文庫圖書館僅留有一本復刻版。

人性本惡，而非人性本善

荀子**批判孟子的「性善說」，主張君子應該透過修習學問成就善心、成為統治者**。他是位現實主義者，認為人的本性充斥著沒有限度的欲望，滿足這些欲望會讓社會變得困乏。另一方面，他也肯定高貴者與一般人民應有身分差別，如此才能避免人類的欲望相衝突。

KEY WORD | 西田哲學、絕對矛盾的自我同一

命運並非限制我們的必然法則。

By 西田幾多郎

西田幾多郎是日本代表的哲學家，活躍於戰前至戰爭時期。由於親人的死亡加上疾病接踵而來，生活過得滿是痛苦的西田，受到佛教學者鈴木大拙的影響，**開始學禪，摸索如何結構化「日本佛教思想與近代西洋哲學的融合」。西田的哲學體系被稱為「西田哲學」，是日本哲學中唯一冠上人名的體系**。

所謂的命運，
不是限制未來的桎梏，
而是我們應該解決的課題。

Nishida Kitaro

西田幾多郎

1870～1945

【思想】無的哲學

【地域】日本

由悲哀昇華獨一無二的哲學

幼年時父親破產、與兄弟孩子死別、與妻子離異等等，西田幾多郎一生滿是悲痛的插曲。然而，他說：「哲學的動機必須是人生的悲哀。」將這些悲傷昇華成獨一無二的哲學。

肯定接受對立殘存的現狀

黑格爾的辯證法

西田的絕對矛盾的自我同一

西田晚年提出「**絕對矛盾的自我同一**」的理論，旨為相反矛盾的事物可保持對立狀態構成同一個體，對現在的自我產生影響。西田認為，**藉由體認對立其實是一體的，人可達到肯定現狀的頓悟境界**。雖然令人費解，但這正是禪所追求的佛教思想。

KEY WORD ｜ 偶然性、粹

獨立的二元邂逅。

By 九鬼周造

九鬼周造是活躍於昭和時期的哲學家，前往歐洲諸國留學長達8年，師事俄羅斯出身的哲學家馮·科伯（Raphael von Koeber）、德國哲學家李凱爾特（Heinrich Rickert）與海德格，建構出自己的哲學。九鬼以「偶然性」與「必然性」、「自我」與「他人」等二元性為思想基盤，鋪陳「**偶然性**」的概念，**發展徹底強調個體的存在哲學**。

若要定義偶然性的話，
就是兩個以上的獨立因果、體制
邂逅相遇。

Kuki Shuzo

九鬼周造

1888～1941

【思想】偶然性哲學

【地域】日本

九鬼周造與岡倉天心

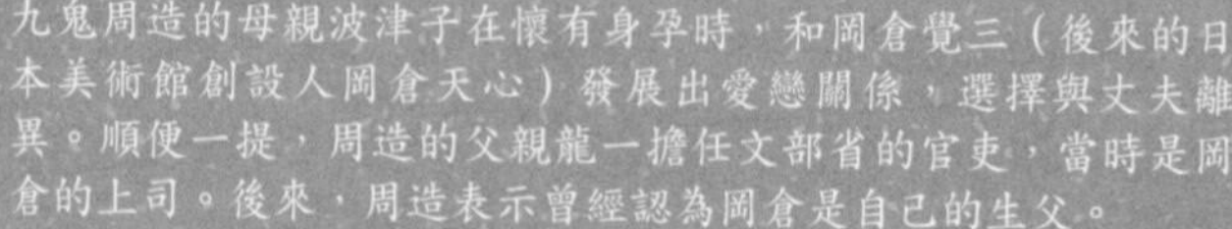
九鬼周造的母親波津子在懷有身孕時，和岡倉覺三（後來的日本美術館創設人岡倉天心）發展出愛戀關係，選擇與丈夫離異。順便一提，周造的父親龍一擔任文部省的官吏，當時是岡倉的上司。後來，周造表示曾經認為岡倉是自己的生父。

偶然是無數可能性中實際發生的事實

何謂「粹」的意涵？

認同「勉強忍耐的武士道精神、萬物流變諸行無常」的一種審美意識。

世間事物不存在必然，全部皆為偶然引起的

主張不論是出生成長、還是比賽勝負，全都不過是偶然的連續罷了，否定自我存在的意義與特別性。

九鬼因其長期滯留歐洲的經驗，深為日本文化所吸引，發表論文〈「粹」的構造〉，欲以西洋哲學中的現象學，掌握江戶時代的審美意識——「**粹**」。九鬼不斷考察偶然性與「粹」，「人類不過是偶然被丟到地表某處的物體。」認為這就是**僅僅出生然後死去的人類，在人生上的味道以及美麗所在**。

KEY WORD 中間性、世界總體

我們是日常上中間性的存在。

By 和辻哲郎

和辻哲郎是活躍於大正至昭和時期的哲學家、倫理學家。和辻將倫理視為個人意識的問題，試圖跳脫近世個人主義在人類觀上的謬誤，**批判欲將僅為人類存在型態之一的個人，取代整體人類的個人主義過於抽象**。和辻**以倫理學的角度切入思考，認為存在著非個人的關係**，並將此關係稱為「**中間性（間柄）**」。

人是同時具備個人與社會兩方特質的「中間性」存在，透過統一兩者的對立，確立真正的主體性。

Watsuji Tetsuro

和辻哲郎

1889～1960

【思想】和辻倫理學

【地域】日本

與夏目漱石的奇妙邂逅

和辻在18歲時讀到夏目漱石的《倫敦塔》深受感動，在25歲時寫了一封給夏目漱石的慕名信。寄出的同一天，和辻前往劇場看戲劇時偶然遇到漱石，後來直到漱石逝世，兩人持續維持著師徒關係。

人是介於個人與社會之間的存在

中間性的存在是指？

和辻的思想基礎「中間性」是指，在「我」、「他人」等概念形成之前，主觀與客觀原為一體的狀態。和辻以人與人之間的關係來探討人類應有的姿態，最後得到**「我」即是「世界總體」的結論**。然後，他認為倫理問題的肇因，不在孤立的個人意識，而在於**人與人之間的關係**。

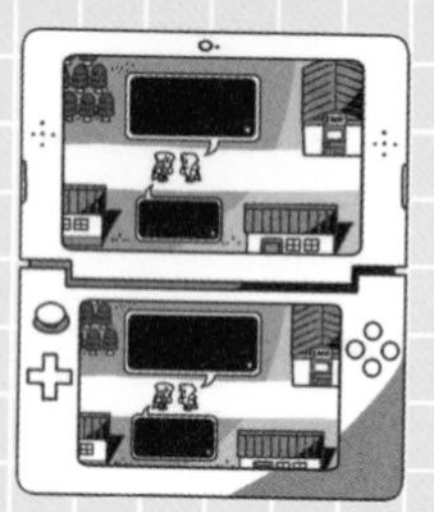

結尾

人不會停止「思考」

本書盡可能網羅東西方哲學史上重要哲學家的思想，簡單易懂地以圖解方式統整解說。各位是否大致掌握「哲學的起源與至今的演變」了呢？

我想，讀者應該會在書中遇到幾個不好理解的理論吧？不過，這並非壞事，在閱讀哲學家提倡的理論、思想時，窺見其背後的哲學深奧與趣味後，心中產生「為什麼會這樣？」的疑問，才是比較重要的事情。如此一來，大腦便會自然地開始思考。

「哲學」一詞有幾種不同的定義，一般會認為哲學是「試圖正確理解世間萬物應有姿態的學問」。人是會產生疑問的生物，而且一旦產生疑問，就會不停思考直到理解、信服為止。

在高度發展的現代社會中，不論在商業上還是在學校等場所，哲學中的「思考力」肯定會帶來幫助。期望讀者能將哲學活用於工作、學習上。

閱讀到這裡的讀者，應該已經體會哲學的魅力了吧。如果你為這魅力深深著迷，想進一步踏入哲學的世界，我們肯定會在哪裡相遇也說不定。我由衷期盼那天的到來。

哲學家 小川仁志

《可蘭經（Quran）》 48
《隨筆集》 62
『我知道什麼？』 62

二劃

九鬼周造 178
二元對立 150
人是知覺的集合體 80
人是會思想的蘆葦 64
八正道 168

三劃

上帝已死。 116
女性主義 136
工具主義 120

四劃

不可見的本源 16
不合理 138
中間性 182
仁 170
仁道政治 170
公共意志 92
公共領域 147
反題 100
孔子 170
巴門尼德 20
文藝復興 57,58
方法的懷疑 68
王道政治 174

五劃

世界總體 182
功利主義 87,88
卡繆 138
史賓諾沙 70
四因說 32
尼采 116
本我 122
正題 100
生命哲學 102
生的權力 148
白板（Tabula Rasa） 76
皮科．德拉．米蘭多拉 58
目的因 32

六劃

伊比鳩魯 34
伏爾泰 90
伏爾泰的世紀 90
休謨 80
先驗 94
共同體主義 147
共相 43
共相之爭 50
共善 158
合題 100
回歸自然 92
在世存有 132
多元論 72
多瑪斯．阿奎納 50
存在主義 109,112
存在的理由（Raison D'être） 134
存在者存在，不存在者不存在。 20
存在就是被感知 78
此有 132
死的權力 148
老子 172
老莊思想 172
肉身 140
自由主義 110
自由意志 43,44
自我 43,46
自然神論 90
自然無為 172

自然權利 66
西田哲學 178
西田幾多郎 178

七劃

佛陀 167
佛洛伊德 122
君主論 60
形上學
形式（Eidos） 30
形式因 32
快樂主義者（Epicurean） 34
我思故我在 68
杜威 120
沙特 134

八劃

事行 98
亞里斯多德 30,32,33
叔本華 102
和辻哲郎 182
奈格里 156
孟子 174
帕斯卡 64
性善說 174
性惡說 176
所有人對所有人的戰爭 66
泛神論 70
波娃 136
物自體 87,96
盲目的意志 102
知識就是力量 74
社會契約說 66
社會契約論 92
社群主義 158
芝諾 36
阿威森那 46
阿威羅伊 48

九劃

哈伯馬斯 154
後後結構主義 160
後結構主義 147,148
思辨實在論 160
柏克萊 78
柏拉圖 28
洛克 76
界限處境 128
相對主義 13,24
相關主義 160
科學語言 130
胡塞爾 126

十劃

原子（Atom） 22
原型 124
哥白尼式轉換 97
根源 13,14
桑德爾 158
泰利斯 14
海德格 132
神學 50
荀子 176
馬克思 114
馬基維利 60

十一劃

偶然性 180
偶像 74
動力因 32
問答法 26
培根 74
康德 94,96,97
梅亞蘇 160
梅洛－龐蒂 140
現象學 125
理型 13,28
理型世界 28
畢氏定理 16
畢達哥拉斯 16
笛卡兒 68

十二劃

傅柯 80
勞動價值論 114
喬達摩・悉達多 168
單子 72
單純觀念 76
悲觀主義（厭世主義） 87,102
揚棄 87,100
普羅泰戈拉 24
最大多數的最大幸福 88
無知之知 26
無負擔的自我 158
無產階級 114
無慾（Apatheia） 36
絕對矛盾的自我同一 178
萊布尼茲 72
虛空（Kenon） 22
虛無主義 116
費希特 98
超我 122
超混沌 160
雅斯培 128
集體潛意識 109,124
黑格爾 100

十三劃

塊莖 147,152
奧古斯丁 44
愛的鬥爭 128
楊森主義 64
溝通理性論 154
禁慾 36
經院哲學 43,50
經驗 57
萬物皆流 18
解構主義 150
詹姆士 118
資本主義 114
資產階級 114
道 172
預定和諧 72

十四劃

實用主義 118
實效主義 109,118
榮格 124
漂浮者 46
粹（いき） 180
維根斯坦 130
蒙田 62
認識論 76
赫拉克利特 18
齊克果 112

十五劃

墨家 167
審議 154
德 167,174
德希達 150
德勒茲 152
德謨克利特 22
慾望（Pathos） 36
潛意識 109,122
複合觀念 76
諸眾 156
質料（Hyle） 30
質料因 32

十六劃

樹狀結構 152
機械唯物主義 66
盧梭 92
霍布斯 66

十七～十九劃

彌爾 110
禪 167
禮 170
懷疑主義 57,62
邊沁 88

二十～二十五劃

懸置 109,126
蘇格拉底 26
辯證法 100
邏輯語言 130
靈魂安寧 34
觀念 57

参考文献

哲学大図鑑 ウィル・バッキンガム 著／小須田健 訳（三省堂）

世界一わかりすい教養としての哲学講義 小川仁志 監修（宝島社）

超訳「哲学用語」事典 小川仁志 著（PHP 文庫）

世界のエリートが学んでいる教養としての哲学 小川仁志 著（PHP 研究所）

人生が変わる哲学の教室 小川仁志 著（KADOKAWA）

図解 使える哲学 小川仁志 著（KADOKAWA）

西洋哲学史 今道友信 著（講談社学術文庫）

超訳 哲学者図鑑 富増章成 著（かんき出版）

図解でわかる！ニーチェの考え方 富増章成 著（中経の文庫）

世界十五大哲学 大井正 著（PHP 文庫）

マンガみたいにすらすら読める哲学入門 蔭山克秀 著（だいわ文庫）

哲学用語図鑑 田中正人 著（プレジデント社）

続・哲学用語図鑑 田中正人 著（プレジデント社）

大論争！哲学バトル 畠山創 著（KADOKAWA）

考える力が身につく 哲学入門 畠山創 著（中経文庫）

史上最強の哲学入門 飲茶 著（マガジン・マガジン）

史上最強の哲学入門 東洋の哲人たち 飲茶 著（マガジン・マガジン）

哲学的な何か、あと科学とか 飲茶 著（二見書房）

哲学的な何か、あと数学とか 飲茶 著（二見書房）

14 歳からの哲学入門「今」を生きるためのテキスト 飲茶 著（二見書房）

図説・標準 哲学史 貫成人 著（新書館）

図解雑学 哲学 貫成人 著（ナツメ社）

哲学マップ 貫成人 著（ちくま新書）

大学 4 年間の哲学が 10 時間でざっと学べる 貫成人 著（KADOKAWA）

わたしの哲学入門 木田元 著（講談社学術文庫）

哲学キーワード事典 木田元 編（新書館）

現代思想を読む事典 今村仁司 著（講談社現代新書）

マルクス入門 今村仁司 著（ちくま新書）

カント入門 石川文康 著（ちくま新書）

哲学入門 戸田山和久 著（ちくま新書）

面白いほどよくわかる！哲学の本 秦野勝 著（西東社）

いちばんやさしい哲学の本 沢辺有司 著（彩図社）

岩波哲学・思想事典 廣松渉 編（岩波書店）

TITLE

想到你能這樣讀好哲學史，我就放心了

STAFF

出版　瑞昇文化事業股份有限公司
作者　小川仁志
譯者　丁冠宏

總編輯　郭湘齡
文字編輯　徐承義　蔣詩綺
美術編輯　孫慧琪　謝彥如
排版　二次方數位設計　翁慧玲
製版　印研科技有限公司
印刷　桂林彩色印刷股份有限公司
　　　紘億彩色印刷有限公司
法律顧問　經兆國際法律事務所　黃沛聲律師

戶名　瑞昇文化事業股份有限公司
劃撥帳號　19598343
地址　新北市中和區景平路464巷2弄1-4號
電話　(02)2945-3191
傳真　(02)2945-3190
網址　www.rising-books.com.tw
Mail　deepblue@rising-books.com.tw

初版日期　2019年9月
定價　380元

ORIGINAL JAPANESE EDITION STAFF

編集　坂尾昌昭、小芝俊亮、山本豊和（株式会社G.B.）
本文イラスト　マルミヤ
カバーイラスト　別府拓（G.B.Design House）
カバー・本文デザイン　別府拓（G.B.Design House）
DTP　くぬぎ太郎、野口暁絵（TARO WORKS）
執筆協力　赤木麻里、幕田けいた

國家圖書館出版品預行編目資料

想到你能這樣讀好哲學史,我就放心了
/ 小川仁志監修；丁冠宏譯. -- 初版. --
新北市：瑞昇文化, 2019.06
192面；14.8X21公分
譯自：ゼロからはじめる!哲学史見るだけノート
ISBN 978-986-401-347-0(平裝)
1.哲學史
109　108008441